AF449551

El Perú en cuarentena

[CRÓNICAS DESDE EL AISLAMIENTO]

Garamond

© *El Perú en cuarentena*
Crónicas desde el aislamiento
Primera edición. Lima, setiembre de 2021
© Rubén Barcelli, compilador
© 2021, Editorial Milojas SAC para su sello Garamond
RUC: 20555077247
Jirón Nicolás de Piérola 317
Dpto. 102, Urbanización Liguria
Santiago de Surco. Lima, Perú
Editor de contenidos: Rubén Barcelli
Editor adjunto: Ricardo Meinhold
Diseño y diagramación: Editorial Milojas
Diseño de cubierta: Miguel Ángel León
Ilustración de portada: Enrique Limaymanta

ISBN: 978-612-48296-8-0
Hecho el Depósito Legal
en la Biblioteca Nacional del Perú N.° 2021-09317
Tiraje: 100 ejemplares
Se terminó de imprimir en setiembre de 2021
por Aleph Impresiones SRL
RUC: 20258078048
Jirón Risso 580, Lince. Lima, Perú

Lee este código QR con tu dispositivo móvil y conéctate con nuestro ecosistema digital:

El mundo que nos abandonó

EL ROBOT PERSEVERANCE DE LA NASA, UBICADO A 399 MILLONES DE KILÓMETROS DE LA TIERRA, CUMPLÍA LA MISIÓN DE RECOGER MUESTRAS DE ROCAS EN LA SUPERFICIE DE MARTE, MIENTRAS SE TERMINABA DE IMPRIMIR ESTE LIBRO. Hoy, también, demora más pestañear que comunicarse con el otro lado del mundo a través de la omnipresencia de las redes sociales. Sin embargo, más allá de los avances científicos que hemos alcanzado como humanidad, lo cierto es que el principal método de prevención aplicado por la mayoría del mundo civilizado, para combatir el embate de la COVID-19 a inicios del 2020, fue el mismo que utilizaron las ancestrales comunidades tribales en pandemias similares: la cuarentena y el aislamiento social.

De inmediato, siendo ya de dominio público la presencia del virus en el Perú, se activaron las medidas de urgencia impuestas por el gobierno, como el confinamiento de los ciudadanos y el cierre de las fronteras, con lo cual se inició una nueva cotidianidad.

Nos guarecimos en nuestros hogares, convertidos en búnkers, en donde nos protegíamos del virus con alcohol y otras medidas de prevención sanitarias, mientras mirábamos hacia la calle con angustia y nos enterábamos con pavor del trepidante aumento de los contagios por los medios de comunicación. Las grandes superficies, como los aeropuertos, los centros comerciales, escuelas y universidades cerraron con la velocidad de quienes colectivamente actuaban persuadidos por el miedo. El frenesí consumista, que dominaba nuestra rutina e impulsaba un tráfico y un tráfago demenciales en calles y avenidas, se detuvo de golpe. Menos aire libre y más Netflix; menos horarios laborales y más teletrabajo; menos abrazos y más *streaming*. Y los más pobres, los olvidados, los desplazados por el modelo, fueron los que más sufrieron cuando se desmoronó el castillo de naipes de nuestra economía de libre mercado, cuyos cimientos están sostenidos por la endémica informalidad que nos gangrena. Las brechas entre los pobres y los ricos se profundizaron, a la vez que se agudizaron el resentimiento y los prejuicios. Mientras tanto, el planeta tomaba un descanso de las fuerzas desatadas por el hombre para aplacar su insaciable ambición, alguna buena noticia había para reconfortarnos.

Pero el alivio por el balance del ecosistema no fue suficiente para ocultar la angustia presente en nuestros rostros, ni siquiera cubriéndolos con las mascarillas y los protectores faciales. El mundo, uno en el que habitamos hasta el inicio del 2020, nos abandonó sin previo aviso y nos dejó a merced de esta película de ciencia ficción, de esta nueva y despiadada temporada de *Black Mirror*. Lo fantástico tomó el control de lo cotidiano en nuestras vidas y no había cómo divisar la luz al final del túnel. Como colectivo, ya olfateábamos que los peruanos no seríamos los primeros en la cola para adquirir las vacunas, la única solución viable para paliar la crisis sanitaria;

esos lugares estaban reservados para las naciones que lideran el orden mundial. Incluso hoy, con una campaña de vacunación en marcha y en medio de una abierta polarización política, aún no sabemos si caeremos abatidos por una tercera ola de contagios, lo que indudablemente nos obligará a regresar a un estado de cuarentena extrema.

Sobre la base de estos motivos se construyen las historias que conforman este libro. Emma Cadenas, Alexis Castro, Juan Manuel Chávez, Talía Coloma, Jorge Eslava, Francisco Flores, Cristina García Calderón, Daniel Goya, Eloy Jáuregui, Rosalí León-Ciliotta, Ricardo Meinhold, Luis Miranda, Sofía Rodríguez, Carlos Schwalb, Daniel Soria y Jorge Valenzuela firman estos relatos que, como cálidas lámparas de kerosene, alumbran nuestro precario presente plagado de incertidumbre. Nos permiten reconocernos en medio de la oscuridad, en medio de la ignorancia. Protegen nuestras vivencias colectivas de la fragilidad de la memoria y nos abrazan a través de sus historias de desamparo, denuncia, folklore, amor, terror y ternura. Y nos permiten reconocernos frontalmente en nuestra complejidad: ahora sabemos lo bondadoso y lo perverso que puede llegar a convertirse un ser humano ante la adversidad.

Las historias contenidas en estas páginas —algunas íntimas y testimoniales; otras dominadas por un autor implícito, presente indirectamente durante el discurso— contribuyen, además, a entender cómo los peruanos hemos resistido con resiliencia este traumático episodio que aún no concluye, otro más en nuestra historia atiborrada de dolor. Uno en el que perdimos a tantos: padres, hijos, parejas, hermanos, amigos. Aún seguimos cargando con el luto, aún seguimos sufriendo por sus ausencias. Son muchas y muchos, y los extrañamos.

¿Alguna vez dejaremos de llorar en soledad? ¿En algún momento podremos sobrellevar esta pena sobre nuestros hombros? ¿Superaremos este dolor tan hondo? Nadie ni nada —menos la ciencia— podrá tener una respuesta.

Esa es precisamente la condición de estos relatos contados en los días más oscuros. Tal vez los sentimientos encontrados que transmiten puedan ayudarnos a entender que en esta misma tierra en la que enterramos a nuestros muertos, hoy se abren los girasoles, los geranios y las cantutas. Y es que resistimos, finalmente. El Perú ha resistido. Aquí estamos.

EDITOR

Rubén Barcell

Emma Cadenas

Periodista, escritora, docente, teóloga y cantautora peruana transgénero. Ha publicado novelas, poemarios, libros de gastronomía y teología. Ha sido directora y editora general de distintos diarios, revistas y periódicos digitales los últimos 30 años y enseña periodismo hace 20. También ha sido productora y conductora en distintas televisoras. Conduce el espacio digital *Sin Maquillaje* y dirige el portal *La Yema del Gusto*. Alista dos publicaciones: *Emma frente al espejo* (crónica autobiográfica) y *Jesús LGTBIQ+* (ensayo de divulgación teológica), y una producción discográfica: *Grito de Valkyria*.

El clóset de la pandemia

HABÍA TOMADO 50 AÑOS SALIR DEL CLÓSET PARA QUE, EN MENOS DE UN MES, EL BICHO MALDITO DEVOLVIESE A LAS SOMBRAS ESTE CUERPO CARIBEÑO ANSIOSO DE DERRAMAR LISURA POR LAS CALLES DE LIMA. ¿Qué carajos les costaba hervir un poquito más el murciélago, chinos del infierno? Cuatro o cinco semanas nomás me había durado la gracia, ya públicamente oleada y sacramentada como Emmanuelle —igual que aquella vieja película erótica que los pajeros de mi generación recuerdan con fervor— o Emma para mis amigos, quienes a esas alturas empezaban a salir del shock de ver a aquel machazo de otros tiempos convertida finalmente en mí misma, para delicia de mis enemigos. Porque, como ustedes sabrán, y si no lo saben, aquí se enteran, Emmita no sabe ser discreta, recatada ni prudente. Nunca pudo mientras se camuflaba detrás del buen Manuelito, que en paz descanse, desarrollar esas y otras virtudes teologales de los seres humildes que pueblan este planeta. Como le dije a mi nieta, que ha heredado esta misma propensión a la inmodestia, en cualquier momento me podría tropezar con mi ego, o caerme desde sus alturas y romperme la cabeza.

Por eso es que, después de algunos meses de ir estrenando progresivamente unas cejitas por aquí, un rimmel por allá, un ruborcito o unos aretitos y ser el blanco de toda clase de mofas y maliciosas sugerencias en mi muro de Facebook (a las que pude responder riéndome para mis adentros), Emmanuelle se estrenó públicamente en noviembre de 2019 con un artículo titulado *Las infancias trans existen*, que derivó luego en dos entrevistas; una a inicios de febrero de 2020 en *Perú21* con Esther Vargas y portada incluida, y otra a fines de febrero en *Cosas*, con Marisa Chiappe, bien fachosa yo.

Ah no, a mí no me vengan con falsas modestias.

Así que no es difícil imaginar cómo le cayó a Emma —y las megalómanas tenemos que hablar así sobre nosotras mismas, en tercera persona— eso de volver al armario. No era justo. Pero hubiera sido más injusto todavía no solo quedar encerrada, sino además que fuese en una caja de madera fabricada a su medida, que es como acabamos los seres humanos cuando se nos termina el crédito en este mundo.

«Tienes que reír para no llorar», cantaba Carmelo da Silva en *Maestra Vida*, ay cará, y si hubiera tenido que echar a volar mi imaginación para algún relato de ficción, jamás se me hubiese ocurrido una trama como esa, tan macabra que a veces, cuando pienso en ella, solo atino a echarle mi ojo más benevolente. Porque ojalá se hubiese tratado nomás de los primeros cien días de encierro absoluto, o de los casi dos años que llevamos con el pánico y su símbolo la mascarilla, sino también de todos los seres queridos a quienes vimos partir sin poder darles un adiós, sin volver a mirarlos a los ojos, desesperadamente abrazados a su recuerdo.

Ay, la Emmita, solita le tocó refugiarse en el clóset de la cuarentena, acabada de mudar a un minidepartamento en lo alto de una vivienda multifamiliar en La Molina, cuarto piso con vista a los cerros al que cada doscientos años sube algún vecino a tender ropa en las amplias áreas comunes.

«Tienes que cantar, pa' que la pena no duela tanto», en ese elevado aposento en que los días duraban varios meses o años y la vida se iba convirtiendo en una memoria lejana y difusa, inmaterial, solo tuve a mi guitarra y a mi soledad conmigo. Sin ellas, es posible que ahora este cuerpo caribeño estuviese derramando lisura por las calles de Lima, pero bien calata y bien cochina como toda loca de la cabeza que se respete.

Hubo semanas enteras en que ni siquiera quité el seguro de la puerta principal. Bien atiborrada de víveres —porque mis hijos me enviaban toneladas con tal de que no asomara ni las narices a la calle, y yo feliz de ser por primera vez en la vida y a mucha honra una mantenida— solo tuve a esas dos compañeras en casa. A las dos les canté algunas de las 50 canciones que compuse en esa temporada en el infierno, pues me mantuvieron con los pies sobre la tierra mientras emprendían el viaje del que ya no se vuelve el abuelo y el primo hermano de mis hijos, amigos entrañables, profesores inolvidables, antiguos amores, colegas de toda la vida...

«¡Tanto amor y no poder nada contra la muerte!»

Sí, es cierto: la tecnología permitió que los tuyos y los míos estuviesen a un tiro de videollamada (ni imaginarse cómo habrán sido esas pandemias de antaño sin la posibilidad de saber que al otro lado de la pantalla táctil hay señales de vida en el planeta del cariño); pero —corríjanme si miento— a veces, en la nebulosa del cautiverio, sus caritas resultaban presencias angelicales, sobrenaturales, inasibles, etéreas... «¿Será cierto que allá en Vermont, cuando sueñas, el silencio es un viento de jazz sobre la hierba?».

Pero mi guitarra y mi soledad, a ellas sí pude abrazarme cuando todo era ausencia...

Y debo decir que pese a todo el dolor y frustración, y a la sensación de que la vida se detuvo, se ralentizó como una pésima película de clase C, se convirtió en una parodia sobre sí misma, en el miedo de un corazón que palpita frío y ausente, este cuerpo caribeño no ha perdido la esperanza de derramar lisura por las calles del destino; pero no como una loca calata y cochina, sino como un ser humano que ha aprendido a mirarse en el espejo y saber que no existe clóset alguno capaz de encerrarlo aunque lo cubra la más densa oscuridad.

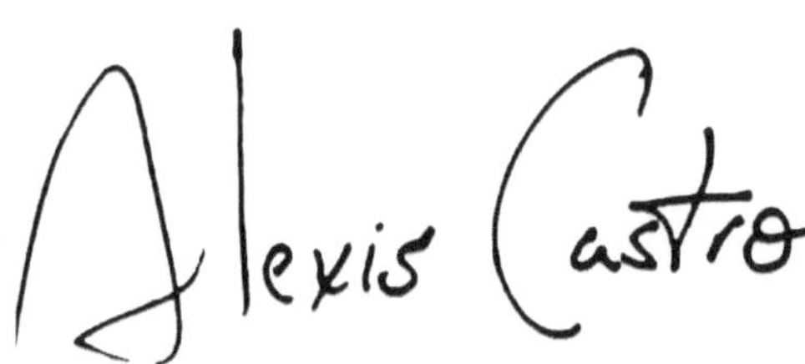

Estudió periodismo en la Universidad Nacional de Trujillo. Cursó estudios de maestría en Relaciones Públicas en la Universidad de San Martín de Porres, en Lima. Estudió en la Escuela de Edición de Lima. Como reportero, ha cubierto temas de violencia y crimen organizado. Ha sido finalista del concurso *El cuento de las 1,000 palabras* organizado por la revista *Caretas*, y fue seleccionado por la Fundación Nuevo Periodismo Iberoamericano (FNPI) para participar en un taller de periodismo y literatura, llevado a cabo en Caracas. Es editor del diario *Satélite* de su ciudad.

El monstruo que mataba en silencio

LA ÚNICA CRIATURA QUE VI, AL IR DEL TRABAJO AL PARADERO, FUE UNA CUCARACHA. Apareció por debajo de una puerta, en la cuadra 13 de la avenida España, y presurosa cruzó la vereda y bajó a la pista. Era una bestia enorme, repugnante... o eso creo: mi fobia convierte a todas, incluso a las más pequeñas, en un monstruo a la altura de Godzilla.

Me detuve, y por un segundo se me ocurrió dar la vuelta, pero no fui capaz. Lo juro, esa cucaracha fue la única criatura que vi, la noche del 19 de marzo de 2020, en la cuadra 13 de la avenida España. Y apenas habían dado las nueve.

***

La avenida España es una de las principales arterias de Trujillo. Encierra al centro histórico en un círculo casi perfecto, y por lo general es bulliciosa. La vida no suele terminar tan tarde en una ciudad de provincia como Trujillo, pero tampoco tan temprano, por eso me resultó extraño que a las nueve de la noche —hora de gritos, bocinazos y espectáculos callejeros— la siempre caótica avenida España haya estado vacía. Pero había una razón: el Gobierno había decretado 15 días de estado de emergencia a nivel nacional tras detectarse los primeros casos de la COVID-19 en el país. En consecuencia, quedó prohibido el libre tránsito de personas en la vía pública.

Desde luego, hubo excepciones, como los periodistas, que fueron incluidos en el 'selecto' grupo de trabajadores que, dada la naturaleza de su labor, podían circular por la calle sin el riesgo de ganarse una multa. De modo que ahí me tienen, paralizado por una cucaracha, en la cuadra 13 de la avenida España, a las nueve en punto de la noche. Porque, sí, soy periodista, y alrededor de las nueve salía del diario *La Industria*, donde trabajo, con dirección al mercado La Unión.

***

Cuando al fin el gigantesco insecto se marchó, entré a la calle Rímac, otra arteria que, en días normales, se muestra inundada de autos y peatones. En más de una ocasión me he cruzado ahí con tipos mal vestidos, despeinados, tipos que, orgullosos, lucen cual trofeos las cicatrices que les adornan la cara.

Es en Rímac, precisamente, donde se encuentra el mercado La Unión, uno de los más populares de Trujillo.

Al igual que Rímac, las otras calles que circundan al mercado, como Santa y Amazonas, tampoco son de las más agradables, pero las frecuentaba porque los colectivos que van a Florencia de Mora, el distrito en el que vivo, han fijado en ellas su paradero. Esa noche, sin embargo, no encontré ninguno, a pesar de que se había dado tolerancia a los choferes para que circularan durante el toque de queda, pues de alguna manera las personas 'selectas' debían regresar a casa.

Debo de haber permanecido unos 40 minutos en la esquina de Rímac con Amazonas. A la luz de un poste, revisaba cada 30 segundos el reloj y pensaba en lo que haría si acaso alguno de los tipos de cara cortada se atrevía a acercarse. Había quedado a merced de esos hombres perversos, hombres sin escrúpulos que, para quitarme la billetera, con seguridad hubiesen hundido sus oxidados cuchillos en la boca de mi estómago.

Tranquilo, me dije, no pienses huevadas.

Pero seguí pensándolas. Y encima me vi tirado en la vereda, apuñalado, tal vez baleado, escupiendo sangre al intentar hablar. Como reportero de crónica roja, había visto infinidad de cadáveres, por lo que no resultó difícil imaginármelo.

Tranquilo, volví a decirme. Sin embargo, las imágenes solo desaparecieron cuando, a lo lejos, vi las luces de un auto que estaba por entrar a otra calle. Bajé a la pista y como un náufrago alcé los brazos. Al verme, el chofer enderezó la marcha y vino a mi encuentro.

—¿Qué haces acá? —dijo—. ¿Quieres que te cuadren?

—¿Vas a Florencia?

—15 soles.

—¡15!

En el bolsillo solo traía 10.

—Vamos —dije. Y subí atrás.

A medio camino, le escribí un mensaje a Deysi, mi esposa: «Ya llego. Espérame en la puerta con cinco soles».

***

Nuestras rutinas no han vuelto a ser las mismas tras el inicio de la cuarentena. Y tampoco nuestros miedos. Lo primero que tuvimos que cambiar en el diario fueron los horarios: después de 50 años como vespertino, *Satélite*, el periódico en el que soy editor, pasó a ser un matutino más. Se había vuelto una tradición que apareciéramos en los quioscos a la 1 p. m., con noticias ocurridas durante la madrugada y las primeras horas del día. Pero, al establecerse en Trujillo el toque de queda a las cuatro (como castigo por el alto número de infractores), se redujo el tiempo para la venta.

—Será solo por un par de semanas —me dijo, muy optimista, Pepe Hidalgo, el director.

Más o menos lo mismo me dijo Deysi, cargando en brazos a Sophia, nuestra hija, luego de escuchar el mensaje a la nación de Martín Vizcarra:

—Pronto todo volverá a la normalidad. Ya verás.

Deysi es trabajadora independiente. Administra una fuente de soda en el primer piso de la casa y, a decir verdad, solía irle bien. Con sus ahorros y mi sueldo parecía fácil sobrevivir a la cuarentena. Es cierto, me animé, pronto todo volverá a la normalidad.

Pero los 15 días iniciales se volvieron 30, y más tarde 60. Y a medida que Vizcarra le añadía tiempo al aislamiento, los ahorros de Deysi se iban extinguiendo. Además, si bien en ningún momento el diario dejó de circular, la venta se vio afectada, y los ingresos por publicidad cayeron al mínimo. Fue por esas fechas que dejaron de pagarnos.

***

A *La Industria* entré como practicante en diciembre del 2005. Al año siguiente, en febrero, firmé mi primer contrato. Y cinco años después pasé a formar parte del personal estable. En tres lustros, he pasado por casi todas las secciones de *Satélite*, vespertino de corte policial fundado en 1969. Me inicié escribiendo sobre los acalorados encuentros de la larguísima Copa Perú. Más tarde cubrí las elecciones municipales y regionales del 2006, recordadas por el durísimo golpe que sufrió el Partido Aprista Peruano al perder la alcaldía de Trujillo, su bastión histórico. Y, por último, recorrí los más oscuros rincones de la ciudad, hurgando entre cadáveres y casquillos de balas regados en el piso.

En la sección Policiales he pasado la mayor parte del tiempo, por lo que podría decir que conozco con cierto detalle los entresijos del crimen organizado en La Libertad. Una buena parte la descubrí en la cancha, libreta y lapicero en mano. Otra me la narraron valerosos policías que, aún hoy, libran una guerra sin cuartel contra la delincuencia. Y otra la escuché de boca de Jhon Smith Cruz Arce, el sanguinario cabecilla de la banda Los Pulpos.

A Cruz lo entrevisté en la cárcel, un domingo en la mañana, en una habitación con cama de dos plazas, equipo de sonido y televisor de pantalla plana en la pared. Por esos años lo acusaban de haber matado a ocho personas en una cantina, y también de haber ejecutado de múltiples disparos a un antiguo secuaz. Dicho de otra manera, me encontraba frente a un tipo que, si se le antojaba, podía rebanarme el cuello. Mentiría si digo que entré sin miedo a la prisión.

Hoy, a mis 38 años, me sorprendo al recordar lo que arriesgué por una entrevista, o por la primicia de un asesinato en la calle más peligrosa, pero, como lo veía entonces, cubrir policiales en Trujillo era lo más parecido a cubrir una guerra, lo que en algún momento de mi vida pensé que quería. Cubrir policiales hizo que me creyera un hombre de acción, un inmortal, un tipo que esquiva las balas y llega a tiempo a la oficina para escribir, lo antes posible, una crónica diaria con el mínimo de errores. Pero toda la valentía se me fue por la borda cuando la COVID-19 aterrizó en la ciudad, y la gente, tal como habíamos visto que sucedía en otros países, empezó a morir en la calle, o en la puerta de algún hospital abarrotado. Ni los duros años que he pasado en Policiales me prepararon para semejante infierno. Nunca había visto morir a tantas personas. Y nunca, ni siquiera durante la entrevista en la cárcel, había sentido que la muerte se me acercara tanto.

***

Con el cambio de horario cambió también la hora del cierre: de las 10 a. m. pasó a las 5 p. m. del día anterior. Había que apurarse, pues entre las cinco y las cinco y treinta llegaba la combi que la empresa había contratado para movilizar al personal. Las primeras semanas fui un pasajero más de ese cubo achatado y gris que se deslizaba a toda velocidad sobre las pistas vacías de Trujillo. Sin embargo, pronto dos detalles me hicieron cambiar las cuatro ruedas por solo dos. El primero: era el último en bajar y el viaje se me hacía insoportable. Incluso tardaba dos horas y media en llegar a casa, cuando caminando uno se tarda alrededor de 40 minutos.

El segundo detalle fue el hacinamiento. Me refiero al reducido espacio en el que viajábamos reporteros, editores y diseñadores. Usábamos mascarilla, claro, pero de todos modos era riesgoso. Así, luego de pensarlo un par de semanas, me monté en una bicicleta. Se la compré por 180 soles a un tipo de apellido Oruna que las armaba en su taller.

Hacía tiempo que no andaba en bicicleta, por lo que al inicio fue agotador pedalear los más de seis kilómetros, ida y vuelta, que hay entre la casa y el trabajo. Pero terminé acostumbrándome. A las cinco en punto salía del diario y en 30 minutos ya estaba en la casa.

Debo rescatar otros dos aspectos positivos de la bicicleta: por un lado, en la calle me evitó todo tipo de contacto con la gente, y por el otro, me permitió reducir los gastos. Y vaya que lo último sirvió, pues las cosas en el diario se estaban poniendo negras: el 10 de abril, día de pago, me llevé una decepción tremenda al descubrir, a través de la aplicación del banco, que no nos habían depositado ni un sol.

—Mierda —dije.

Fue en casa, a la medianoche. Ya la habitación estaba a oscuras, y Deysi había traído a Sophia a la cama para darle de lactar. A lo lejos se escuchaban sirenas.

Una desazón similar me embargó en mayo, y también en junio, julio y agosto.

¿Y si me enfermo —pensaba— con qué maldito dinero compraré un balón de oxígeno?

Fue frustrante, deprimente... De no haber sido por Deysi, una mujer organizada, cuidadosa de los gastos, no hubiese podido sobrellevarlo.

—Tendré que cobrar algunas deudas —me dijo, con su habitual sentido del humor, cuando ya casi no quedaban ahorros—. Tú no te preocupes.

Su alegría me ayudó muchas veces a superar la ansiedad.

—Ya cálmate, orejón —repetía—. Vamos a estar bien.

Por supuesto, fue mutuo, porque, si bien ella es fuerte,

en ocasiones necesitaba también de una palabra de aliento, sobre todo cuando la COVID-19 irrumpió en Florencia y cobró la vida de viejos amigos del barrio.

—¿Y si nos da? —se preguntaba—. Tengo miedo.

No se lo dije, pero yo también tenía miedo, por ella, por los niños, por mis padres... No pasaba un día sin que recibiéramos noticias sobre familias enteras contagiadas. A esas alturas, las cucarachas habían pasado a un segundo plano. El monstruo había tomado otra forma. Era una criatura que en silencio rondaba la casa. Y al primer descuido, como un *alien* se te metía al cuerpo y te hacía trizas los pulmones. Pero no podía quebrarme.

—Nada va a pasarnos —le decía—. Si cumplimos los protocolos, estaremos bien.

***

En Trujillo, la primera ola de la COVID-19 alcanzó su pico más alto en agosto, con 1,955 personas fallecidas, la mayor cifra a nivel nacional después de Lima Metropolitana. Por entonces Facebook era ya el más grande de los obituarios. El monstruo andaba más hambriento que nunca, y en cualquier esquina podías cruzarte con él. Para eludirlo, bajo ninguna circunstancia me sacaba la mascarilla en la calle. Además, en la mochila cargaba un frasco lleno de alcohol que en la tarde regresaba vacío. Si tocaba un objeto, enseguida me desinfectaba las manos. A todo le echaba alcohol, tanto que con el tiempo se volvió una especie de tic: aún sin haber tocado nada, abría el frasco y me rociaba hasta los brazos. Parecerá exagerado, pero, sin dinero, no podía darme el lujo de enfermar.

Al volver a casa, Deysi me esperaba con más alcohol. Antes de que cruzara la puerta, me apuntaba con el pulverizador y hundía reiteradas veces la palanca. Luego me sacaba los zapatos y en puntillas me dirigía al baño. Solo después de ducharme podía abrazar a mis hijos.

***

En la empresa, la tarea de desinfectarnos al entrar recayó en Humberto Aleman.

—Esta tontería no sirve —decía Humberto, riéndose, cuando el termómetro digital marcaba apenas 30 grados—. Ni para comprar un termómetro bueno les alcanza.

Aleman se encargaba de la seguridad en el día. Cada mañana, al pasar por su 'oficina', le preguntaba si había noticias acerca de los pagos.

—Ni mierda —se lamentaba—. Acá nadie se pronuncia.

'Guti', como le decía a mi buen amigo Aleman, no aguantó la presión: cansado de tanto atropello, presentó su renuncia. Lo mismo habían hecho otros trabajadores del área administrativa. En el área de prensa, en cambio, resistíamos, y entre reuniones, intentos de huelga y denuncias ante las autoridades de trabajo, cruzábamos los dedos para que a *La Industria* le otorgaran dinero a través del préstamo Reactiva, programa instaurado por el Gobierno para ayudar a las empresas a cubrir, entre otros gastos, el pago de planillas. «Ya sale, ya sale», solía escucharse en los pasillos del diario. «Dicen que mañana». «No, pasado». Pero el trámite se cayó, y nuestras esperanzas, lógicamente, quedaron destruidas.

La noticia del préstamo Reactiva llegó a fines de octubre. Una de las razones argüidas por el banco fue que las cuentas de la empresa estaban embargadas. Y era cierto: habían sido embargadas como consecuencia de un juicio por despido laboral injustificado.

Conocida la respuesta, pronto la directiva inició los trámites para otro tipo de préstamo, y no fue sino hasta diciembre, dos días antes de Navidad, que nos pagaron los haberes de mayo y junio (marzo y abril nos lo habían ido dando de a pocos, como propinas). Así terminamos el año, con la empresa debiéndonos seis meses de sueldo, dos gratificaciones, la compensación por tiempo de servicio y el porcentaje de la AFP. Duele decirlo, pero, en 127 años de historia, *La Industria* enfrenta su periodo más oscuro.

***

Desanimado, la noche del 31 de diciembre salí con Sophia al patio de la casa y llamé a mis padres. Faltaban dos minutos para que el 2020 acabara.

Mamá contestó.

—Estamos en una fiesta —dijo—. ¡Salud!

—Muy graciosa. ¿Y papá?

—Poniendo la mesa.

Mientras hablábamos, el cielo se iluminó y en toda la ciudad se oyeron explosiones.

—Feliz año, hijito —alzó la voz mamá—. ¡Feliz año para mis queridos nietos!

—Los amo —respondí—. Los amo muchísimo. Por favor, sigan cuidándose.

Luego de cortar, cargué a Sophia. Había quedado maravillada con las luces. Deysi y Fernando, mi hijo mayor, vinieron a vernos. Hablamos. Reímos. Y nos quedamos mirando al cielo un rato más.

—¿Ya ves? —dijo Deysi—. Te dije que todo estaría bien.

Tenía razón: entre octubre y diciembre, los casos habían ido a la baja, y ya sin tantas restricciones, pudo por fin reabrir su negocio. En las noches, mientras ella atiende, yo me encargo de cuidar a Sophia. Con todo lo que ocurre en el diario, es una bendición que pueda trabajar.

—Gracias —le dije, y le besé la frente.

Sí, tenía razón, habíamos sobrevivido. Y lo mejor: seguíamos estando juntos.

Su obra abarca la novela y la narrativa breve, el cuento infantil y el ensayo, géneros con los cuales ha merecido el Premio Copé de Plata en Cuento, la mención especial del Premio Nacional de Literatura (categoría LIJ), el Premio de Ensayo de Radio UNAM (Universidad Nacional Autónoma de México), entre otros. Sus últimas publicaciones son la novela *Cassi, el verano* (Planeta, 2018), el estudio *Radiografía de los estilos de vida en Europa* (OBS Business School, 2019), la novela juvenil —en coautoría con Rosalí León-Ciliotta— *En el banquillo* (Alfaguara, 2020) y su investigación *Juan Bautista Túpac Amaru. El dilatado cautiverio* (Colección del Bicentenario, 2021). A la fecha, prepara su tesis doctoral y es investigador de la Unidad de Estudios Biográficos de la Universidad de Barcelona.

Año 1 d. C.

Toda literatura genuina es antiliteratura.

JAVIER CERCAS

EL PRIMER TITULAR QUE ASOCIÓ EL CORONAVIRUS CON EL MIEDO SALIÓ EL SÁBADO 7 DE MARZO DE 2020, EN VÍSPERAS DEL DÍA INTERNACIONAL DE LA MUJER. Antes, el viernes, el jueves, el miércoles y el martes, las portadas estuvieron dedicadas a una niña, para la cual se exigía justicia porque fue víctima de violación y asesinato. Se llamaba Camila. Cuatro años de edad, agresión sexual, feminicidio.

El martes 10 de marzo, el titular fue «Tiemblan por coronavirus».

Al día siguiente, «profundamente preocupada por los alarmantes niveles de propagación de la enfermedad y por su gravedad, y por los niveles también alarmantes de inacción, la OMS determina en su evaluación que la COVID-19 puede caracterizarse como una pandemia», según la cronología de la actuación de la Organización Mundial de la Salud. Recuerdo que seguía las noticias de televisión sobre el coronavirus, aquel viernes 13 de marzo en que el presidente de España declaró el estado de alarma «para la gestión de la situación de crisis sanitaria ocasionada por la COVID-19», de acuerdo con el

Real Decreto 463/2020. Esa mañana y a 10,000 kilómetros de distancia, la prensa peruana había difundido una medida del gobierno de Martín Vizcarra: la suspensión de los vuelos provenientes de Europa y de Asia. Mi vida lejos de Lima quedaba más lejos que nunca en Barcelona.

«El Perú en emergencia» fue el titular del lunes 16 de marzo.

Día 399. ¡A cuidarse!

Día 398. Tiemblan por coronavirus

Día 397. Botan a Deza por juergas

Día 396. ¡Alerta!

Día 395. ¡Alto al coronavirus!

Día 394. Leonard llegó con fiebre de Italia

Día 393. Sacan a Leonard del hotel por coronavirus

Día 392. El Perú en emergencia

Día 391. ¡A su casa!

Día 390. ¡A este virus lo paramos todos!

Día 389. Toque de queda en el Perú

Día 388. ¡Tres muertos en Perú por coronavirus!

Día 387. 4 muertos y cambian a ministra

Día 386. Se burlan del estado de emergencia

Día 385. Quédate en casa y no juegues en contra

Día 384. Caos por cobro del bono de 380 soles

Día 383. ¡Suben a siete los muertos!

Día 382. El Perú en alerta

Día 381. Encerrados hasta la Semana Santa

Día 380. Bajan el dedo a Solano

Día 379. Ahora sí ponen mano dura

Día 378. Contagios se disparan

Día 377. Toque de queda a partir de las 6 p. m.

Día 376. ¡Piensa bien si vas a salir de casa!

Día 375. Salen a comprar o al banco y se contagian

Día 374. ¡A martillazos!

Día 373. 'Melcocha' llora por coronavirus

Día 372. ¡Contagios se pueden disparar!

Día 371. ¡535 en un solo día!

Día 370. Toque de queda Jueves y Viernes Santo

Día 369. ¡Locura por compras!

Día 368. Encerrados dos semanas más

Día 367. Médico héroe murió luchando

Día 366. ¡Balean a Angie Jibaja!

Día 365. "Serán dos semanas dramáticas"

Día 364. Contagios imparables

Día 363. Salieron como locos

Día 362. ¡Más de 10 mil contagiados!

Día 361. Angie se loquea y deja clínica

Día 360. Roban 27 mil soles a "Reina del Ajo"

Día 359. Virus te tumba en la calle

Día 358. ¡Adelante, Gunter!

Día 357. 52 muertos en un día

Día 356. Coronavirus en programa de Magaly

Día 355. ¡Bomba de tiempo!

Día 354. Pégale fuerte al virus

Día 353. ¡Que se acabe esta pesadilla!

Día 352. Terremoto en la Policía por coronavirus

Día 351. Gunter: me emocioné por mis paisanos

Día 350. Martillazo a cerveceros

Día 349. Tres muertos deja motín en "Castro Castro"

Día 348. Virus fuera de control

Día 347. "Estamos en la etapa más difícil"

Día 346. ¡Abren rejas de Keiko!

Día 345. Cifras son para llorar

Día 344. 'Pacho': con fe todo esto pasará

Día 343. ¡Vuelve la chamba!

Día 342. Vuelan cabezas en la Policía

Día 341. Explosión de contagios

Día 340. "Si abrazas a tu mamá, puedes dejarle el virus"

Día 339. Coronavirus entró a Palacio

Día 338. ¡Basta de esta pesadilla!

Día 337. "Los chicos que trabajan conmigo son
como mis hijos"

Día 336. Luz roja en mercados

Día 335. A rezar para que baje la curva

Día 334. ¡Fuerza, Gunter!

Día 333. Más de cuatro mil contagios en un día

Día 332. Alerta total por virus

Día 331. Matan a campeona en hostal

Día 330. 'Rey del Pío Pío' zapatea en el cielo

Día 329. Hospitales ya no dan más

Día 328. ¡Alto al virus!

Día 327. Golpe al coronavirus

Día 326. 'Ken' puntea las encuestas

Día 325. Tensión por cuarentena

Día 324. ¡A chambear desde el lunes!

Día 323. Shirley arma juerga en toque de queda

Día 322. ¡Cuídese si sale a trabajar!

Día 321. Seis millones vuelven a la chamba

Día 320. Militares en las calles hasta fin de año

Día 319. 'Doña Virus' contagiaba a pacientes

Día 318. Solo queda rezar

Día 317. Miles de peluquerías a chambear

Día 316. "Cupido está en cuarentena conmigo"

Día 315. ¡Chambea y cuida tu vida!

Día 314. 'Richard Swing' tiembla por cárcel

Día 313. 'Pirañas' se hacen ricos con el oxígeno

Día 312. "Si no tienes plata, tu familiar se muere"

Día 311. ¡Trabaja y lávate las manos!

Día 245. "La gente tiene que trabajar y comer"

Día 244. ¡Rusia ya tiene la vacuna!

Día 243. "Cuarentena del domingo ya fracasó"

Día 242. Meterán presos a malcriados y fiesteros

Día 241. A rezar por la vacuna

Día 240. "Cada vez que desean molestar, me sacan
lo de Alan"

Día 239. Tumban fiestas a borrachos

Día 238. Perú, ponte las pilas por la vacuna

Día 237. Piden más militares contra rateros

Día 236. Doctor Huerta prueba vacuna contra el virus

Día 235. Traerán 30 millones de vacunas

Día 234. "Atacaremos a mafias"

Día 233. "Los cochinos me preguntan por la limpieza"

Día 232. ¡Castigo para culpables!

Día 231. ¡A la reja por fiesta de la muerte!

Día 230. Acusan a 'Juancho Peña' por 13 muertos

Día 229. Mujeres cuidan a 'Juancho Peña'

Día 228. ¡A bailar a la cárcel!

Día 227. "La cuarentena ya no funciona"

Día 226. Aparecen videos de la 'Fiesta del Horror'

Día 225. Cuídate y no lleves el virus a casa

Día 224. "Tenemos que sangrar"

Día 223. Pavón echa a Sheyla

Día 222. ¡Llegó la vacuna china!

Día 221. Deza pierde la cabeza por mujeres

Día 220. ¡Qué feo pelearse por un hombre!

Día 219. Bajan el dedo a Sheyla

Día 218. ¡Golpe a focos de contagio!

Día 217. "Nos peleamos y metió mujeres a la casa"

Día 216. "Se pelean por un piraña"

Día 215. ¡A ponerle fe a la vacuna china!

Día 214. ¡Audios bomba!

Día 213. Mueven el piso a Vizcarra

Día 212. "El presidente no debe ser vacado,
          pero los audios son una vergüenza"

Día 211. Vuelan cabezas en palacio

Día 210. "Me traicionaron"

Día 209. 'Pato' perdió por fiestero

Día 208. Levantan cuarentena de los domingos

Día 207. Asustan a Vizcarra

Día 206. Se queda en el sillón

Día 205. Karla conquistó al 'Rey de los Huevos'

Día 204. ¡Hay que aplastar el virus!

Día 203. Periodista escapa de rateros

Día 202. Más trabajo y billete

Día 201. ¡A chambear más y cuidarse del virus!

Día 200. Fiesteros lloran por bares y discotecas

Día 199. A levantar vuelo

Día 198. Meche: Vizcarra no actúa con lealtad

Día 197. 'Hechicera' en mafia de tarjeteros

Día 196. Plata robada hunde a 'Hechicera'

Día 195. Bajan contagios y pagarán bono

Día 194. Salvavidas para los que deben al banco

Día 193. "Farfán me decía bebé"

Día 192. ¡A la reja!

Día 191. De Palacio a la carceleta

Día 190. Arrancan vuelos y más trabajo

Día 189. Carceleta tumba a 'Richard Swing'

Día 188. ¡Alienta al Perú y cuídate del virus!

Día 187. ¡Fuerza mi Perú!

Día 186. ¡Punto de oro!

Día 185. Fiscal pide cárcel para 'Richard Swing'

Día 184. "Pasa la pelota o el jugador, nunca los dos"

Día 183. Faltan militares en las calles

Día 182. ¡Contigo Perú!

Día 181. ¡Árbitro ratero!

Día 180. Se fugó el árbitro

Día 179. "Neymar es un payaso"

Día 178. Lloran al rey de "Las caras de Atahualpa"

Día 177. "Quise mucho y lloré por Advíncula"

Día 176. Mueven el piso a Vizcarra

Día 175. Camión loco mata a tres

Día 174. Pelean por playas

Día 173. Playas de lunes a jueves y abren iglesias

Día 172. Cinco amigos a la cárcel

Día 171. Mano dura por abusar de chica

Día 170. "Hay frescas que se cuelgan de tu novio"

Día 169. "Los cinco abusaron de mí"

Día 168. Se vienen los goles de Lapadula

Día 167. Vacuna milagrosa

Día 166. Borracho mata chofer y niño

Día 165. "Estoy orgulloso de mi sangre peruana"

Día 164. "Allá voy, Perú"

Día 163. "Lo de Vizcarra fue una malcriadez"

Día 162. Lapadula al ataque ante Chile

Día 161. Golpean a Vizcarra

Día 160. Cholito de corazón

Día 159. ¡Alerta roja en Gamarra!

Día 158. Novio masacra a 'Tefi'

Día 157. Le mordió la cara porque no quiso casarse

Día 156. "Vizcarra debe terminar su mandato"

Día 155. Lapagol, el nuevo cholito de la selección

Día 154. Congreso dio golpe a Vizcarra

Día 153. Se puso la banda entre bombazos

Día 152. Mueven el piso a 'Don Gato'

Día 151. Vamos a dar el golpe

Día 150. Escándalo por disparos en la marcha

Día 149. ¡Exigen renuncia de Merino!

Día 116. 50 mil militares vuelven a las calles

Día 115. "Vizcarra mintió con la vacuna"

Día 114. "Estoy separado y tengo siete hijos"

Día 113. ¡Alarma por virus más contagioso!

Día 112. Cierran playas y amplían toque de queda

Día 111. ¡Basta de caos y violencia!

Día 110. ¡Milagro de Navidad!

Día 109. Alerta en Nochebuena

Día 108. Jubilados cobrarán bono de 930 soles

Día 107. Mazzetti acusa a 'traidores'

Día 106. Policía héroe mata a 'raquetero'

Día 105. Coronavirus se llevó a 'La voz del amor'

Día 104. Policías tumbarán 'privaditos'

Día 103. ¡Fuera virus!

Día 102. Año Nuevo con balazos

Día 101. A combazos tumban fiestas de Año Nuevo

Día 100. Cazadora de infieles

Día 99. Alarma por más casos de coronavirus

Día 98. Pena de muerte para el 'monstruo'

Día 97. 'Tía Bomba' robó banco y clínica

Día 96. ¡Por fin llega la vacuna!

Día 95. Prenden velitas a vacuna china

Día 94. Rateros de joyería caen con mujer

Día 93. "Si nos cuidamos, los casos van a bajar
en febrero"

Día 92. "Sería un error volver a la cuarentena"

Día 91. Trabaja y cuídate del virus

Día 90. ¡Apúrense en traer las vacunas!

Día 89. Toque de queda arranca a las 9 de la noche

Día 88. 'Melcocha' llora por nieto

Día 87. Lluvia de balas deja grabe al 'pato' Arce

Día 86. "Estamos a tiempo de combatir el virus"

Día 85. Toque de queda es un caos

Día 84. ¡Atrapen a pistoleros!

Día 83. Mano dura con 'diablos'

Día 82. Rezan por virus y cinco temblores

Día 81. ¡Aumentan contagios en niños y jóvenes!

Día 80. Demonios amenazan al 'Ángel del Oxígeno'

Día 79. "A mi esposo le dicen mártir por aguantarme"

Día 78. Piden a militares en las calles

Día 77. Virus tumba a jóvenes

Día 76. Cuarentena desde el domingo

Día 75. Se loquean por cuarentena

Día 74. Temen que cuarentena sea un fracaso

Día 73. Virus es una pesadilla

Día 72. ¡Alerta por cuarentena!

Día 71. Encerrados y sin chamba

Día 70. Salen en mancha a trabajar

Día 69. Calles llenas y tráfico infernal

Día 68. "Cuarentena hace cosquillas a segunda ola"

Día 67. ¡Solo queda rezar por las vacunas!

Día 66. Por fin llega la vacuna

Día 65. El primer vacunado

Día 64. Vacuna llegó a ritmo de cumbia

Día 63. Alertan por estafas con la vacuna

Día 62. Mafias engañan con vacuna

Día 61. 14 días más de cuarentena 'trucha'

Día 60. Vizcarra se vacunó calladito y el pueblo sin nada

Día 59. Mazzetti cae por vacuna de Vizcarra

Día 58. ¡Traigan más vacunas!

Día 57. Escándalo por vacunas de Vizcarra

Día 56. ¡Vergüenza!

Día 55. "Fue un puñal por la espalda"

Día 54. "Traicionaron al pueblo"

Día 53. Vizcarra puede terminar preso por vacunas

Día 52. Piden prisión para doctor de las vacunas

Día 20. "¡Sálvanos del virus!"
Día 19. Más trabajo y menos cuarentena
Día 18. Sofía se agarra a patadas con esposo
Día 17. Con dron seguían a Sofía
Día 16. ¡Arden seis camiones!
Día 15. Piden trabajar en Semana Santa
Día 14. Se atacan por votos
Día 13. Magaly rompe con esposo
Día 12. "Es una falta de respeto que esté leyendo"
Día 11. Solo queda rezar
Día 10. ¡Un milagro para que lleguen las vacunas!
Día 9. "Ni Lescano está fijo en segunda vuelta"
Día 8. Se acabó la cuarentena
Día 7. "Restaurantes estamos fritos"
Día 6. "Sería un error volver a la cuarentena"
Día 5. "Cuarentena fue un fracaso"
Día 4. ¡Alerta por elecciones!
Día 3. ¡Borrachos a la reja!
Día 2. Vota bien y cuídate del virus
Día 1. Al caballazo
Día cero

«Vota bien y cuídate del virus» fue el titular del domingo 11 de abril de 2021, fecha de las elecciones presidenciales en el Perú. Al día siguiente, en la portada se especulaba a partir del conteo rápido de los votos: entre los 18 candidatos, uno remontó desde el fondo de las preferencias ciudadanas, aunque estuvo muy lejos de alcanzar una mayoría absoluta. Habría una segunda vuelta en los comicios. El escenario político quedó en suspenso, tal como proseguía la incertidumbre nacional en torno a la pandemia. Un país que vive en diferido.

Todos los titulares que se han citado provienen del diario *Trome* del Perú, desde el primero, que alude al coronavirus y es del 9 de marzo: «A cuidarse», hasta el último, que expresa las aspiraciones presidenciales y es del 12 de abril de 2021: «Al caballazo». Letra tras letra y signo tras signo, cada uno ha sido transcrito del tabloide sin intrusión mía.

Los temas que tratan estos titulares se circunscriben, casi exclusivamente, a cinco ámbitos: la pandemia, el fútbol, los escándalos del espectáculo, la violencia o crímenes especialmente sangrientos y la figura del presidente o personalidades de su gobierno. En estas portadas, por supuesto, se lucen personajes de la farándula que desconozco, líderes políticos que ignoro y apelativos entrecomillados que me descolocan. La mayoría de los titulares, por sí solos, dicen todo en sus contadas palabras; otros, algunos, son incomprensibles por la falta de contexto. Mejor dicho, incomprensibles para mí. En cuanto al lenguaje, así como abundan los signos de admiración, se echa en falta el empleo de artículos antes de los sustantivos; además, se apela a expresiones coloquiales que recuerdo de Lima, un regreso de palabras al barrio donde crecí.

Puesto a recordar, recuerdo que en 2014 y desde Estados Unidos se difundió un artículo que instaló una imagen que hemos mantenido en torno al *Trome*: que era el más leído en habla hispana, por encima de otros tan emblemáticos como *El País* de España o el *Clarín* de Argentina. La *ReVista. Harvard Review of Latin America* analizaba una serie de características que la periodista Liz Mineo supo sintetizar con una docena de letras: «fórmula audaz». Al margen de que siga en la cúspide de las preferencias en español o mantenga un número exorbitante de lectoría, sus portadas se han integrado al paisaje urbano del caos y el colorido; por ello, su pulso está en consonancia con las pulsaciones de la sociedad peruana.

Para entrever el impacto de la pandemia en mi país, instalado como estoy en Barcelona, miraba la prensa nacional, revisaba las redes sociales y conversaba con gente querida. El anhelo de tener, por lo menos, un marco de referencia y algún panorama.

Con la gente, las redes y la prensa no siempre comprendía lo que ocurría allá, aunque por lo menos hacía comunidad. Esa sensación de compañía, sobre todo en tiempos de cuarentena.

Lo cierto es que los titulares del *Trome* me servían para lo extremo: en conjunto, transmiten cierto horror apocalíptico. Frente a ello, solo cabe elevar una certeza: esto también pasará y pronto estaremos hablando del año uno después de la COVID-19 (año 1 d. C.).

Talía Coloma

Artista escénica. Bachiller en Educación por la PUCP. Actriz egresada de la Escuela de Teatro de la Universidad Católica. Formada como Terapeuta de Artes Expresivas en TAE Perú en convenio con el European Graduate School, Suiza. Alumna de la maestría en Escritura Creativa de la UNMSM. Ha sido parte de los talleres de formación continua en la PUCP y docente en FARES. Desde el año 2018, pertenece al Colectivo Caballo Rojo, donde dirige proyectos teatrales.

Respirar

Vamos en un taxi. Ella hace una pregunta al conductor frente a la lámina de plástico que separa los asientos delanteros de los posteriores. No entiendo cómo las palabras pueden entenderse entre la mascarilla, el protector facial y la mica del auto. El mensaje debe atravesar todas esas capas para llegar a su destino. Antes de cada frase la veo esforzándose en tomar más aire para hacerse escuchar. Respira hondo.

Debido a diversos motivos durante las últimas semanas he debido trasladarme por la ciudad. La observo con curiosidad, como si luego de un viaje de algunos meses regresara y buscara encontrar los cambios que se produjeron durante mi ausencia. Veo las calles, a ciertas horas vacías. Las puertas de algunos negocios que me eran conocidos se encuentran cerradas y siento inquietud al pensar en la situación de los desempleados.

Entre esos viajes llego al viejo restaurante Huérfanos en el centro de Lima. Las mesas se han reducido. Y entre los pocos comensales que esta tarde estamos en la amplia sala de techo alto, muebles y vitrinas antiguas, veo una máquina registradora colocada para ser exhibida a un lado de las mesas.

Una máquina registradora que, si bien está en desuso, da la impresión de que el cajero solo se hubiera levantado a tomar un descanso. Un descanso un día de semana en un salón repleto de comensales y una barra ocupada por completo. Como hace un poco más de un año.

Terminal de buses. A la salida, la gente avanza apresurada entre maletas, cajas, bolsas y mascarillas. Los pasajeros recién llegados negocian rápidamente con los taxistas que se encuentran en grupo a la espera de algún cliente y si no logran algún servicio permanecen recorriendo el estacionamiento y la entrada al local. Los demás pasajeros desaparecen cargando sus cosas. Tengo la impresión de que viéramos los sucesos en cámara rápida, las acciones se atropellan con una rapidez que no era la usual anteriormente. Solo un detalle hace que el tiempo se ralentice. Un papel adherido a la caja de un viajero que dice: Tacna. En ese tiempo detenido pienso en la lejanía, en las distancias que nos separan de nuestras realidades geográficas, pienso en las distancias que nos separan de nuestras realidades personales. Éramos otros en marzo del 2020 y ahora somos distintos.

Por cosas del azar una noche me vi obligada a ir de emergencia al hospital del seguro social, para lo cual atravesé tres distritos a las 2 a. m. y debí ignorar semáforos, patrullas y calles cerradas. Lo primero que me espera a la entrada del servicio de emergencia es una carpa con un letrero: área COVID-19. Sin embargo, a esta hora, la carpa está vacía y solo un enfermero se pasea entre la calle y la entrada del hospital en un ambiente de tranquilidad tensa y pasajera. No se nos permite entrar ni acompañar al enfermo en emergencia. La calle es la sala de espera. El vigilante anuncia a los que nos encontramos en la sala de espera quién debe ingresar. El mismo vigilante tomará la temperatura y ofrecerá un poco de alcohol. Los enfermos son atendidos y despachados tan pronto como se pueda, sin mayor orientación ni medicinas, ni exámenes, y debido a esas razones tuvimos que regresar a los dos días. Sin éxito por supuesto, solo más espera y una derivación a otro hospital. Mientras espero en la calle, se oye:

—¡Rengifo!

No hay respuesta. Insiste:

—¡Rengifo!

Otro vigilante sale y busca a Rengifo. No lo halla. Tal vez Rengifo cansado de esperar entre la gente y sin recibir noticia alguna, se fue para regresar luego.

—No hay Rengifo. Negativo para Rengifo.

Comunica uno de los vigilantes. Yo agregaría: negativo para el sistema de salud. Regreso a casa. Cuando dejo mi bolso en el mueble y me estiro tratando de liberarme de la carga del día observo la sala. Durante los primeros meses de la pandemia tuve una sensación que vuelve ahora y es la siguiente: La ciudad y su movimiento ya no estaba afuera. Ella se había trasladado a casa. ¿Como así? Pues las horas punta en casa fluctuaban entre la mañana y al caer la tarde. Los traslados, paradas y rutas respondían a una frecuencia que desconocíamos hasta ese momento. De este movimiento se desprendieron otras cosas, necesidades, como por ejemplo la necesidad de ocupar nuevos espacios. De un día a otro los espacios deshabitados se vieron tomados a la fuerza por los habitantes de esta 'ciudad-casa'. Y finalmente entre otras cosas, la autoridad se vio cuestionada al no poder gestionar la ciudad como se esperaba. En cierta forma, también nos sentimos colapsados, huérfanos, accionando en una película que ha acelerado su velocidad y a la que no respondemos a la velocidad planteada. El saldo: negativo para todos.

La pregunta que ella le hizo al taxista fue: «¿Señor, se puede cambiar de destino?». El taxista respondió con una amabilidad y calma inusuales: «Claro que sí». En ese momento quise creer que, a través de la mascarilla, el protector facial, el plástico que nos divide, todavía tenemos posibilidades. Sentí, en un arranque de optimismo, que aún es posible cambiar el destino. ¿Cómo? No lo sé con exactitud, pero intuyo que todo empieza con la posibilidad de respirar.

Jorge Eslava

Limeño, 67 años. Estudió sociología y literatura en la Universidad de San Marcos, donde se graduó como magister y doctor en literatura. Muy joven trabajó en el diario *La Prensa* como diagramador, luego se inició en la docencia como profesor escolar. En 1987 fundó la Editorial Colmillo Blanco. En 1991 anduvo por comunidades andinas para elaborar textos de educación primaria. Posteriormente continuó estudios de posgrado en Madrid y Lisboa. Poco después convivió con muchachos de la calle para escribir *Navajas en el paladar*. De regreso al Perú se dedicó a la enseñanza universitaria y a otras labores pedagógicas. Actualmente es profesor e investigador de la Universidad de Lima, donde dirige la revista *Lienzo*.

La casa azul

DE MANERA EXTRAÑA, DESDE HACE TRES SEMANAS, EL DÍA EMPIEZA A LAS SIETE DE LA NOCHE EN EL PASAJE SAN MARTÍN. A esa hora despertamos todos los vecinos de esta callecita con una rara sensación de gloria: la de volver a mirar con ilusión nuestra existencia, a pesar de la desgracia. Treinta y tres millones de peruanos no lo saben porque es nuestro bendito secreto, pero es un secreto que quisiéramos compartir con todos, ya que es la victoria de la alegría sobre el sufrimiento, la conquista de la salud sobre la enfermedad.

A partir de las notas del himno nacional, que es lo primero que escuchamos a todo volumen, logramos recuperar por un momento la confianza cuando llevamos horas andando en puntitas por el filo de un abismo. Sabemos que abajo nos espera indefectiblemente la maldición de una peste, pero a nosotros nos basta sonreír desde nuestras ventanas, dar pequeños saltos en los balcones y cantar a gritos *Gracias a la vida* para que la desdicha y la incertidumbre se repliguen, retrocedan espantadas como presencias infernales. Entonces empezamos a celebrar felices con otros temas musicales, incluso con saludos de cumpleaños y otras bondades, pues en esos eternos minutos de contento no hay tiempo ni espacio para la tristeza ni la desesperanza.

En este recodo del distrito, mayores y niños, mujeres jóvenes y muchachos recibimos el final de cada tarde con una especie de luz solar, de energía contagiosa que viene de la casa azul del barrio. Y es todo gracias a la iniciativa del vecino que mora allí. Un misterioso personaje con quien hasta hace unas semanas apenas nos saludábamos a diario y muy cordialmente. Ignoro su nombre y sus señas; solo lo reconocía en la puerta de su hogar reparando su viejo auto o lidiando con algún insolente conductor que estacionaba en su fachada. Canoso, enérgico y dicharachero: era todo lo que percibía de él. Ahora sé, como todos los demás vecinos, que es también un hombre de gran corazón. Su ingenio y terquedad, su convocatoria y buena onda nos han convertido en una hermosa comunidad que ha pasado de vivir en el pasaje San Martín a la callecita del optimismo.

Francisco Flores

Empezó en televisión en 2005 en Canal N. Fue asistente, investigador y reportero. En 2007 pasa a Frecuencia Latina como reportero de *90 Segundos*. Dos años después, viaja a Barcelona donde realiza una maestría en diseño y gestión de productos audiovisuales. En 2011 regresa a Frecuencia Latina como gestor y desarrollador web. En 2013 migra a Panamericana Televisión como reportero hasta llegar a ser conductor de los programas *24 Horas Mediodía* y *El Dominical*. Además, fue jefe de la web hasta el 2019.

Confesión sincera

MÁS QUE UNA CARRERA, EL PERIODISMO ES UN ESTILO DE VIDA. LOS PERIODISTAS NOS ENFRENTAMOS A COBERTURAS COMPLEJAS DONDE LOS PROPIOS MIEDOS, INSEGURIDADES, PREJUICIOS Y TODA CLASE DE SUBJETIVIDADES ENTRAN EN CONFLICTO CON LA RESPONSABILIDAD DE INFORMAR. Y me atrevería a decir, renunciando expresamente a toda objetividad, que la pandemia de la COVID-19 ha sido la más compleja de todas las coberturas a las que me he tenido que enfrentar.

Viene siendo más de un año de vivir pensando en qué momento me enfermo o se enferma alguien de mi familia. De andar como caminando en un campo minado. Desconfiando de quien se acerca. De no estrechar manos, no dar abrazos, ni besos. De no reír en lugares públicos, de hablar lo menos posible en la calle. De llevar la cara medio cubierta por una mascarilla, tan ajustada que cuando me la quito queda mi piel marcada. Asustado de que por un descuido el virus haya podido entrar a mi organismo. Esperando con angustia a que al cuarto día se manifiesten los síntomas de esa enfermedad de la que vengo informando y leyendo a diario. Y que al momento de escribir esta crónica ha cobrado la vida de casi 190 mil peruanos, según las cifras oficiales.

Días aterradores sospechando del más mínimo dolor de garganta, de una pequeña tos, del más insignificante malestar o cansancio. De lavarme las manos cinco, 10, 15 veces al día; de dejar los zapatos en la puerta del departamento, de meter en la lavadora la ropa ni bien llego de la calle. De bañarme mañana tarde y noche. De dejar todos mis objetos personales; celular, billetera, llaves y demás, impregnado de un penetrante olor a lejía o spray desinfectante. De llevar colgado al cuello como talismán protector una botellita de alcohol de 70 grados. De despellejarme las manos al punto de casi haber deformado mis huellas digitales con gel desinfectante. De preocuparme por mis seres queridos que trabajan como médicos. Pensando todos los días «en qué momento se contagian», «en qué momento voy a tener que pedir por redes que me ayuden a conseguir un balón de oxígeno, una cama, una cama de cuidados intensivos». En resumen han sido meses donde mi vida, nuestra vida cambió para siempre.

Han sido meses difíciles. Meses en los que, como periodista y ser humano, he vivido una verdadera montaña rusa de emociones. Esta crónica es una reflexión pública basada en mi experiencia personal y profesional. Una confesión sincera de mis miedos, rabias y frustraciones.

Trabajo en televisión hace más de 15 años y puedo darme el lujo de decir que he sido testigo de todo: Desde desastres naturales, terribles accidentes, despiadados y crueles crímenes, hasta disoluciones parlamentarias, vacancias, censuras, interpelaciones, arrestos de ex-mandatarios y extradiciones, marchas, renuncias presidenciales y tomas de mando. Frente a todas mis coberturas he tenido una posición personal que me he cuidado por mantener alejada de mi trabajo, buscando la tan mentada, esquiva y casi inexistente objetividad. Recuerdo el día en el que hablé por primera vez de la COVID-19. Me referí a ella como una «gripe fuerte» aparecida en la ciudad de Wuhan, capital de la provincia de Hubei en el centro de China. En ese momento ya se sabía que esta suerte de neumonía atípica —así le decían los médicos que habían tratado los primeros casos— era altamente contagiosa.

Sin embargo, su índice de letalidad era tremendamente bajo: menos del 1% —0.7% para ser exactos—, aunque este valor dependía de una serie de variables que para los expertos de la Organización Mundial de la Salud (OMS) aún eran materia de estudio. Una gripe común tenía más probabilidades de matarte que este nuevo virus. Entonces —pensé yo—, ¿para qué alarmarse tanto? Además, ocurría tan lejos.

Ya China había exportado al mundo algunas de las pandemias más recientes: el SARS, la AH1N1, enfermedades virales que traspasaron fronteras y se instalaron en algunos países, incluido el Perú. A pesar de eso, no podía recordar que se les hubiera dado mayor cobertura, ni siquiera cuando llegó el primer caso a nuestro país. Y es que, así como llegó, se fue. No recuerdo colapsos hospitalarios, pelotones de familiares suplicando por atención médica en las afueras de los hospitales, angustia generalizada.

Durante el 2009, año de la gripe AH1N1, viajé a Ecuador para cubrir las elecciones presidenciales de ese país. En aquella ocasión cogí una gripe fortísima que me dejó sin voz para mis últimas transmisiones y envíos a Lima. Acabé muy mal y recuerdo haberme subido al avión de regreso luego de haber estado aterrado en el aeropuerto de Quito temiendo que no me dejaran abordar y me encerraran en un hospital hasta descartar la enfermedad. No ocurrió. Cuando aterricé en el Jorge Chávez traté de parecer lo menos enfermo posible para que no me internaran en el hospital Carrión del Callao hasta confirmar si tenía la malhadada gripe, lo que afortunadamente tampoco pasó. Ni siquiera me tomaron la temperatura ni me hicieron preguntas sobre mi estado de salud. Ni tomaron mis datos. Nada. Y felizmente no contraje la AH1N1.

Es curioso que ahora recuerde aquella experiencia. Hoy sabemos lo que un virus es capaz de hacer si lo subestimamos, si no lo tomamos en serio, si no tomamos las medidas adecuadas para frenarlo. Ha sido un virus, lo que después de todo ha paralizado al mundo por meses. Un virus que se ha movido por el mundo a través de los aeropuertos, como huésped en pacientes asintomáticos que acabaron esparciendo el virus por todo el planeta.

Han sido seis meses de aeropuertos cerrados llevando a más de una decena de aerolíneas en todo el mundo a quebrar y otras tantas a entrar en reestructuración debido a las pérdidas que a la fecha superan los 500 mil millones de dólares. Cuando viajar dentro o fuera de cualquier país requiere de pruebas moleculares o de antígenos para reducir el riesgo de trasladar el virus.

El SARS-CoV-2 empezó a avanzar a una velocidad vertiginosa. El 13 de enero de 2020 se reportaba el primer caso de COVID-19 fuera de China, en Tailandia. Solo 15 días después, ya se contaban 7,818 casos a nivel mundial, la mayoría en China y 82 en otros 18 países. Oficialmente llegó a Europa el 25 de enero. El tono de la información cambió: El virus ya estaba en occidente; no se percibía tan lejano. Aunque la cosa no era para alarmarse, pensaba. ¿Ocurriría los mismo que con aquel virus exportado de China del 2009? No, en lo absoluto. ¿Qué razón había entonces para pensar que podía ser peor? Ninguna.

Sería cuestión de semanas para que atravesara el Atlántico, tal vez a Estados Unidos. Pero seguíamos hablando de una gripe fuerte, de una enfermedad con una tasa de mortalidad bajísima. ¿Para qué preocuparse? Desde el noticiero que conduzco hacíamos llamados a la calma, a cuidarse, pero tampoco entrar en pánico. Ahora me pregunto si esos mensajes de tranquilidad no eran, en el fondo, para mí mismo. De alguna manera quería convencerme de que las cosas estarían bien, bajo control. Que ese virus no llegaría a este lado del charco y que, de llegar, no sería más que un susto.

El 26 de febrero Brasil anunciaba su primer caso de COVID-19. Se trataba de un hombre de 61 años que había estado en Italia, por ese entonces epicentro occidental de la pandemia. Le siguieron Chile, Argentina, Ecuador, Colombia y demás países vecinos. Era cuestión de días para que el Perú reportara su primer caso. En la reunión editorial de los jueves, el editor general de prensa tocó el tema: Se hacía indispensable pensar en la manera como informaríamos del virus cuando éste llegara a nuestro país.

El seis de marzo el entonces presidente Martín Vizcarra anunció en un mensaje a la Nación la aparición del primer caso de COVID-19 en el Perú. Se trataba de un joven de 25 años que recientemente había viajado a Francia, Italia y República Checa. Además, el Instituto Nacional de Salud tenía 35 casos sospechosos que se encontraban a la espera de los resultados de las pruebas que confirmaran o descartaran el virus en los pacientes examinados. «Vamos a mantener la calma y confiar en el sistema de salud», decía Vizcarra mientras sus críticos en redes lo acusaban de generar pánico saliendo a anunciar él mismo la presencia del virus en nuestro país. La discusión se centró entonces en lo político y no en lo sanitario. Por entonces el Perú tenía solo 100 camas en las unidades de cuidados intensivos (las que se convertirían en las famosas camas UCI) en todo el territorio nacional. El más destacado infectólogo del país, el doctor Ciro Maguiña, pedía al ministerio de Salud estar preparado para atender más de los 75 casos graves que la ministra del sector, Elizabeth Hinostroza, había anunciado que teníamos la posibilidad de atender.

Los días pasaban y pasaban en medio de la marcha implacable del virus en todo el planeta. Algunas de las mejores sanidades del mundo estaban siendo desbordadas por pacientes que literalmente se asfixiaban. Los profesionales de la salud no se daban abasto. Los rostros extenuados de médicos, enfermeras y técnicos aparecían en los portales digitales, en la televisión y las redes sociales. Las autoridades desconcertadas hacían lo que podían con la información que tenían. Se trataba de un virus que todos íbamos conociendo sobre la marcha. ¿Cómo frenarlo? ¿Cómo evitar que más y más gente se infecte? Si el caos se estaba apoderando de países más preparados que el nuestro, ¿qué podíamos esperar del precario sistema de salud peruano, abandonado a su suerte por décadas, ninguneado y hasta estigmatizado?

«¿Y los periodistas? ¿Estaríamos a la altura?», pensé en algún momento. Esto avanzaba y avanzaba, y era importante dar mensajes de calma, pero también estar informados, saber de qué se trataba todo esto. Escuchar y hablar con expertos, científicos. Pronto ese único caso reportado se convirtió en una decena, rápidamente en cientos y ya no recuerdo cuánto tiempo pasó para que habláramos de miles. La incertidumbre se podía sentir en las personas, que, a pesar de todo, seguían haciendo su vida normal. Para entonces a los mensajes de tranquilidad se sumaron recomendaciones para evitar contagios: «Lávese constantemente las manos por al menos

20 segundos», «estornude o tosa tapándose con la flexura del codo». Todavía no se hablaba del uso de mascarillas. A estas recomendaciones se sumaron pronto los desmentidos a bulos y paparruchas a través de las redes sociales. Paparruchas que han estado presentes a lo largo de toda la pandemia; desde pseudo científicos que recomendaban beber lejía industrial para curar la COVID-19 y que era irresponsablemente avalada por políticos de todo el mundo. Hasta groseras desacreditaciones de las vacunas con claro objetivo político.

El miércoles 11 de marzo, el gobierno de Vizcarra activó el estado de emergencia sanitaria a nivel nacional, el aislamiento domiciliario voluntario y la cuarentena de todos aquellos que llegaran procedentes de Asia y Europa. A pesar de las medidas, la vida continuaba con aparente normalidad. Solo en los supermercados empezaron a formarse largas colas de personas llevándose todo cuanto podían cargar.

Se rumoreaba, entonces, que el viernes 13, el gobierno preparaba una cuarentena similar a la que ya se había adoptado en otros países. Por aquel entonces Italia estaba confinada debido al colapso de sus hospitales. El papel higiénico, el agua embotellada, las conservas y los no perecibles fueron las primeras víctimas de la pandemia del miedo. Desde la pantalla nuevamente fue necesario llamar a la calma. «No es el fin del mundo, no es un apocalipsis zombie», pensaba. «¡Tranquilidad!»

El sábado 14 de marzo fue nuestro último día de total y absoluta 'normalidad'. Más allá de las colas en los supermercados, todo seguía abierto. Las salas de cine, los teatros, los casinos, las tiendas por departamentos, las boutiques, todo. La vida de los peruanos no se había detenido. En aquellos días creía que el miedo no era más que una exageración. Lo que yo sentía más bien era cierta incertidumbre. «¿Estaríamos a la altura del problema? ¿Podríamos contenerlo?», preguntaba a mis familiares y amigos médicos. «Estamos jodidos», me respondió uno de ellos, el más honesto. Pero en ese momento más que honesto lo consideré derrotista. «En el aeropuerto no te preguntan nada, no te toman la temperatura. Todo marcha como si nada. El virus ya recontra está entre nosotros, cholo», me decía Pablo, un médico de la seguridad social.

Algunos amigos me escribían y les respondía con la misma tranquilidad con la que le decía a la audiencia que mantuviera la calma, que todo estaba bajo control. Sin embargo, fuentes oficiales ya me habían hablado de una inminente cuarentena, un cierre total para detener el virus. «Van a ser un par de semanas nada más, tranquilo», me escribió una fuente cercana al Ejecutivo. No podía imaginar el impacto, las consecuencias de todo eso. Solo podía pensar que, ante lo que ocurría en otros países, esa medida era la mejor alternativa. No pensé siquiera que podían ser más de dos semanas.

Finalmente, el 15 de marzo a las ocho de la noche el presidente anunció la cuarentena total. Quedaban paralizadas todas las actividades económicas y se cerraban todas las fronteras del país a partir del 16 de marzo. Nadie entraba ni salía del Perú. Solo operarían los negocios y servicios esenciales como bancos, farmacias, mercados y supermercados. Para entonces se contaban 71 casos positivos, aunque seguramente ya eran más. «Estamos ante el riesgo de que este virus pueda extenderse por todo el territorio nacional lo que haría más difícil controlarlo. Es por ello que hemos aprobado de manera unánime un decreto de estado de emergencia nacional por quince días», dijo Vizcarra flanqueado por el presidente del Consejo de Ministros y los titulares de Salud, Economía y Educación. Las fuerzas armadas y la policía nacional se encargarían de velar por el estricto cumplimiento de la cuarentena.

Por el chat del canal comentamos las medidas que se adoptarían. Nosotros tampoco parábamos, evidentemente, pero quedaban dudas sobre cómo nos movilizaríamos y qué permisos necesitaríamos para poder desplazarnos. Los otros detalles de las consecuencias de la cuarentena anunciada por el gobierno los discutiríamos sobre la marcha y los afinaríamos en los próximos días. Hasta ese momento todo era nuevo y muchas dudas rondaban las cabezas de todos.

Lima amaneció envuelta por un silencio inédito. Casi no había podido dormir pensando en lo que vendría a lo largo de los próximos días. La medida era radical. Teníamos menos de cien casos y sin nada más que mi puro optimismo consideré que sería suficiente para detener el avance de la enfermedad. La jornada informativa se centró en la decisión del gobierno, en un llamado a la población a respetar el aislamiento obligatorio y en 'fiscalizar' a los que aún seguían en las calles a pesar de la orden del presidente.

La ciudad parecía otra sin autos, sin gente, sin bocinas, sin motores, sin gritos, sin murmullos, sin tráfico; ese característico tráfico limeño. De camino al canal me tomé algunos minutos para fotografiar las calles desiertas con uno que otro auto circulando cauto y con contados buses de transporte público prácticamente vacíos. Antes de empezar el programa comentaba con la productora la experiencia de moverse por una ciudad desierta un lunes por la mañana, en plena quincena, en pleno inicio del año escolar cuando Lima suele ponerse más caótica de lo habitual. Comentábamos también la decisión del gobierno y si era lo más acertado dadas las circunstancias.

El noticiero transcurrió como cualquier día. Informamos sobre lo que ocurría en el plano local e internacional. Nos enlazamos con algunos colegas de distintas partes del mundo para conocer el panorama en otras ciudades. Hablábamos de España, Italia, Alemania y otros países europeos donde ya llevaban al menos diez días de confinamiento y repetía una y otra vez que había que vernos en el espejo de lo que en esos países estaba sucediendo para no cometer los mismos errores y salir de esta situación cuanto antes. Yo seguía pensando que en 15 días todo pasaría y que volveríamos a la normalidad. Que el avance del virus se detendría y que a diferencia de otros rincones del planeta donde la situación era dramática y desconcertante, aquí habíamos actuado a tiempo. Ahora pienso que fui un poco ingenuo, pero, vamos, ¿qué otra cosa podía esperar, qué otra cosa podía pensar?

El silencio de esas primeras semanas de cuarentena total me produjo una angustia terrible. No había paz y tranquilidad en esa atmósfera que envolvía a la ciudad y mantenía a sus habitantes encerrados en sus casas. Empecé a tener problemas para dormir; dormía dos o tres horas por noche y en esos breves intervalos muchas veces tuve pesadillas. La incertidumbre empezó a consumirme y afectar mi estado de ánimo. Intenté refugiarme en la escritura, pero no funcionó. Me desesperaba el hecho de no saber qué iba a ocurrir en los próximos días. Llegué a tener algunos ataques de pánico y pasarme horas pensando en lo que ocurriría conmigo, con mi familia, con mi trabajo, con el país.

La cuarentena de Vizcarra duró más de los 15 días iniciales. En total fueron cuatro meses de encierro. Los contagios pronto alcanzaron los cientos, luego los miles y lo que tenía que pasar pasó. Décadas de olvido y abandono del sistema de salud empezaron a hacerse evidentes. A la desesperación que generaba la enfermedad se sumó la angustia económica. Los sectores más pobres del país empezaron a verse sofocados por la falta de ingresos, empleo y medios para sobrellevar la pandemia en todos los aspectos. Miles perdieron sus puestos de trabajo, otros tantos pasaron a suspensión perfecta de labores. El gobierno intentó de paliar la necesidad con bonos que llegaban tarde, mal o nunca. No quedaba más que salir a pesar del riesgo a ganarse el día a día.

En algún momento de esos larguísimos cuatro meses muchos periodistas caímos —yo también lo hice, aunque luego rectifiqué— en la poco empática práctica de levantar el dedo acusador contra los que no cumplían con las restricciones mientras los contagios subían y subían de forma angustiante. En poco tiempo quedó en evidencia que hacer cuarentena en un país como el Perú era un lujo que no todos podían darse. Y es que, ¿cómo le puedes pedir que se quede en casa a alguien que tiene que salir a trabajar a diario para darle de comer a sus hijos, a alguien que sin ahorros y sin trabajo tiene que seguir cumpliendo con sus responsabilidades, a alguien que vive en una casa con uno o dos ambientes con tres, cuatro, cinco o hasta seis personas, dos o tres familias que comparten el mismo predio, hacinados, respirando el mismo aire viciado todos y cada uno de los días de encierro? ¿Cómo le puedes pedir a una familia sin refrigerador para almacenar sus alimentos que compren para una, dos, tres semanas? ¡Imposible! Las carencias y necesidades de las familias más humildes le explotaron en la cara a una sociedad que por décadas se ha negado a verlas, porque no son nuevas, no son producto de la pandemia. Han estado ahí siempre.

En medio de la desesperación muchos empezaron a dejar la capital para volver a sus regiones de origen. Lo hacían a pie, huyendo de la ciudad por las carreteras, llevando a cuestas a sus familias y lo poco que les quedaba. Marchaban hombres, mujeres, niños, ancianos, gestantes, todos con la esperanza de salvarse. Los medios los empezaron a llamar 'caminantes'. Ese nombre, 'caminantes', los deshumanizaba. Lo correcto era llamarlos compatriotas, peruanos, como tú y como yo que, desesperados, buscaban llegar a sus regiones para sobrevivir a una crisis, en la que, si no los mataba la COVID-19, los iba a matar el hambre. Entonces la pandemia empezó a revelarnos todas y cada una de nuestras miserias. A todo nivel, no solamente el sanitario.

La muerte llegó para todos con esta peste moderna. De una u otra manera ha tocado nuestras puertas. Esa muerte tremenda, omnipresente, inagotable se ha ensañado contra nuestros conocidos, familiares y amigos. Familias enteras han partido víctimas de la enfermedad o de la falta de atención y recursos. Con el pasar de los meses las redes sociales se han convertido en obituarios, dolorosas páginas con defunciones virtuales. Quienes sobreviven porque aún esquivan a la enfermedad se han convertido en heraldos de malas noticias, en mendigos de ayuda y esperanza. Se supone que los periodistas solemos lidiar con la muerte y los años te curten para informarla sin que se te mueva un pelo, sin que te afecte, sin que te impacte. Pero esto ha sido demasiado.

Mi experiencia más cercana con la muerte en una cobertura fue en el terremoto de Pisco del 2007. Pasé tres noches en el epicentro del sismo escuchando desgarradores gritos de los familiares que encontraban entre los escombros los restos de sus seres queridos. Fue una experiencia muy fuerte, sobrecogedora. Pero la COVID-19 me ha enseñado otra faceta de la muerte. Para empezar, no es una muerte por un desastre natural. Un acto de la naturaleza cruel e impredecible.

Las muertes por la COVID-19 son muertes que hasta se pudieron evitar. Aquellos cuyas vidas se perdieron son víctimas no solo de la enfermedad sino de la ineficiencia, la corrupción, la desidia, el abandono. Cuántos de los que han muerto pudieron salvarse es una incógnita que tal vez nos persiga por siempre.

Por otro lado, las muertes de la pandemia son muertes que sientes cercanas, no solo por empatía sino por afinidad o filiación. Recuerdo con especial tristeza la partida de don Mario Bucana. Era un hombre con una vitalidad envidiable, una vocación de servicio encomiable y una pasión por su trabajo que contagiaba. Fue camarógrafo de muchos de los que alguna vez hemos recorrido las calles buscando la noticia. Don Mario, siempre respetuoso, siempre sonriente, estaba dispuesto a hacer algo inusual en un medio tan competitivo como la televisión: enseñar. La muerte de don Mario nos dolió a todos en Panamericana. Mi voz se quebró cuando al empezar el noticiero tuve que hablar de su partida. Se me hizo un nudo en la garganta, se me acumuló el llanto y contenerlo fue casi imposible a tal punto que tuve que pedir perdón por la emoción. «Sabrán disculpar la emoción, pero entenderán lo doloroso que esto es para quienes lo hemos conocido en la cancha y hemos compartido con Mario muchísimas jornadas periodísticas», dije tratando de serenarme. Aún hoy recuerdo con tristeza su partida, como recuerdo con pesar la de los otros compañeros que nos dejaron a lo largo de estos más de 12 meses. Qué desgastante, qué doloroso es tener que pararte todos los días frente a una cámara a hablar de la muerte cuando sabes que en cualquier momento podrías tener que hablar de la muerte de alguien en tu familia o enfrentarte tú mismo a ella. Resulta particularmente doloroso que, un año después, poco o nada hayamos aprendido como país frente a este virus. Nuestra clase política no ha estado a la altura de los desafíos que nos impuso la pandemia. La turbulencia política y los enfrentamientos de nuestros líderes ocuparon más el tiempo que se pudo destinar a luchar contra el enemigo común. En septiembre ya se hablaba de la inminente llegada de una segunda ola y ni por eso se apuró el paso para que la gente no tuviera que hacer interminables colas para conseguir un balón de oxígeno. Fue una película que ya habíamos visto: Gente suplicando y empeñando la vida por un balón que le diera uno, dos, tres días de vida a un familiar. Inescrupulosos aprovechándose del dolor ajeno para lucrar y hasta estafar.

Por entonces ya se hablaba de vacunas. En tiempo récord la ciencia había logrado desarrollar una vacuna que en otras circunstancias habría demorado décadas. Cada información sobre sus ensayos clínicos, logros y avances se informaban con optimismo y cautela. Era la luz al final del túnel. La posibilidad de acabar con el miedo, con la incertidumbre, con la muerte. Pero esas noticias, a pesar de ser buenas, eran lejanas. Nuestros políticos estaban enfrascados en sus pleitos, mientras los peruanos aguardábamos algún anuncio concreto. Algo que nos devolviera una pizca de calma y esperanza en el fin de esta pesadilla, pero no.

Luego de semanas de agitación política, marchas y la sucesión de tres presidentes vino la instalación de un gobierno de transición y emergencia que asumió la tarea de conducirnos en medio de la pandemia con lo poco que se avanzó previamente. Se trajeron las primeras vacunas, no sin antes enterarnos que el expresidente Vizcarra, la mismísima ministra de Salud que con un cinismo macabro había declarado que sería la última en vacunarse, la Canciller y más de 400 personas se habían vacunado en secreto mientras cientos de miles de peruanos literalmente se ahogaban por la falta de oxígeno, camas y atención oportuna.

La falta de previsión, la segunda ola que nos empezó a revolcar finalizando el 2020 tiene como responsables no solo a nuestros gobernantes, sino a todos. Se trata de una responsabilidad compartida. Nos fallaron los políticos, pero fallamos también los que debíamos levantar la voz y poner los reflectores sobre tamaño descuido que le costaría la vida a cientos, miles de peruanos. Fallamos también como ciudadanos por no exigir a quienes tenían la responsabilidad de tomar medidas que hicieran lo correcto. Lo hecho, hecho está. Y que no se tome esto como un consuelo bobo. Aprendamos la lección y hagamos sentir nuestra voz la próxima vez. Porque habrá próxima vez, estoy seguro.

Algo que también ha fallado a lo largo de estos más de 12 meses de pandemia es la comunicación oficial. Es increíble que los dos gobiernos que han manejado esta pandemia —no cuento los siete días en el poder de Manuel Merino— no hayan sido capaces de transmitir claridad, de enfrentar el cansancio, la fatiga de los peruanos con mensajes claros y directos que hicieran a todos reflexionar sobre la importancia de no bajar la guardia, de seguir las medidas básicas de protección. No se trata solo de perseguir y castigar. Me quedó clarísimo, como dije líneas arriba, que en un país como el nuestro es un lujo quedarse en casa, no salir. Ahora hay muchos más peruanos que los que había hace un año que tienen que salir a ganarse el plato que sus hijos comerán hoy. Aquí los medios y los comunicadores debimos tener un papel más activo, es cierto. Y valga el mea culpa.

En los últimos cuatro días, mientras escribo esta crónica, han muerto más de 1,600 peruanos. Esto es un peruano cada cuatro minutos. ¿Cuántos más morirán? ¿Cuántos más se enfermarán? ¿Cuántos más empeñarán su alma al diablo, de ser necesario y posible, para darle la oportunidad a un familiar de sobrevivir a esta pandemia? Duele escribir sobre esto, créanme, pero tenía que escribirlo, sacarlo, hacer catarsis.

Ya tenemos vacunas, ya empezamos a vacunar, a buen ritmo. Ya hemos superado los nueve millones de vacunados. Ya podemos sonreír con las noticias de los médicos vacunados, con la vacunación de los adultos hasta 40 años, con la llegada semanal de cada vez más vacunas. Son sonrisas efímeras, son pequeños chispazos de esperanza en medio de lo que todavía es un panorama desolador con más de 400 peruanos muertos cada día. Con gente esperando un balón de oxígeno que les de la posibilidad de respirar. Para colmo de todo, estamos en medio de una contienda electoral tan desesperanzadora como la pandemia misma. Con candidatos que no dan luces de lo que harán por luchar contra la pandemia, sin propuestas concretas, acciones que se puedan considerar reales o efectivas.

Dentro de todo, las cifras muestran que las vacunas funcionan, que los índices de hospitalización y muerte se reducen considerablemente entre quienes ya han recibido las dos dosis. En un panorama optimista, las autoridades del gobierno de transición y emergencia esperan tener vacunas para todos los peruanos y dejar expedito el proceso de vacunación para quien asuma las riendas del país el próximo 28 de julio.

A estas alturas, decir: «¡Ánimo!», es hasta impertinente. Estamos fatigados, dolidos, hartos de tanto; pandemia, política, polarización y caos. Pero sí, me atrevo a pedir optimismo. Y es que cosas tanto o más terribles hemos afrontado y de todas, mal que bien, hemos salido. El Perú, prácticamente ha vivido en crisis sus 200 años de historia republicana. Y es que sufrir, es marca Perú.

Desde 1996 es docente en la Universidad de Lima, donde estudió Periodismo. Alternó su trabajo como editora con el dictado de cursos sobre escritura y así desarrolló su curso Escribir Bien, que también dicta en empresas. En junio de 2019, convertido en proyecto de emprendimiento, su curso la llevó a obtener el grado de Maestro en Dirección Estratégica de Contenidos por la Universidad de Lima. Es autora del libro *Qué quieres decir. Una guía diferente para escribir bien* (Garamond, 2020).

Los engaños de mi último año de cuarentona

Tengo 49 años, los cumplí aislada. En febrero del 2021, el Gobierno peruano endureció las medidas para enfrentar la segunda ola de la COVID-19 y la inmovilización obligatoria se hizo más estricta justo en el mes de mi cumpleaños. Lo habría pasado encerrada, de todos modos. Llevaba casi un año sin reunirme con amigos, con ninguno, ni con doble mascarilla ni con distanciamiento social; un verano sin ir a la playa. Viene a mi mente el fragmento de un tuit que dio vueltas en otras redes: «Me parece locazo cómo veo que la gente sigue muriéndose, buscando oxígeno, cama UCI, y a la vez otro sector saliendo, viajando, cenando fuera, veraneando. ¿Vivimos realmente en dos mundos distintos?».[1] En ninguno de esos dos mundos vivo yo. Yo vivo escribiendo.

Enseñando a escribir: escribiendo. Creando historias de ficción por encargo: escribiendo.

---

[1] Pertenece a la tía nutella (@belen_cr). Véase: https://twitter.com/adolfolara/status/1378362941779632130

En la última semana del 2020, cuando nos engañamos a nosotros mismos con la ilusión de que el viernes 1 de enero despertaríamos sin pandemia, diseñé mi propio engaño. Inventé a Matías, a Andrea, a Víctor y a Claudia. Cuando todos buscaban reinventarse, inventé. Mientras señalaban la 'nueva normalidad', preferí hablar de gente normal. De los que tienen miedo y de los que se estresan, de los disconformes y de los preocupados. De cualquiera de nosotros, confinados o no.

El encargo provino de la Oficina de Normalización Previsional (ONP) y me mantendría ocupada los siguientes meses. Tanto, que incluso dejé de enseñar en mi acostumbrado ciclo de verano en la Facultad de Derecho de la Universidad de Lima. Me pidieron generar contenidos para tres páginas web, una de las cuales promovería una cultura de ahorro en el Perú. «Hay que hacerla desde cero», me advirtieron. «Hay que hacerla con historias», les propuse.

Matías, de ocho años, deja de sentir miedo cuando comprende que tiene un futuro y que no lo abandonarán.

Andrea, de 15, deja de estresarse cuando comprende que tiene un futuro y aprende a esperar.

Víctor, de 28, deja de molestarse cuando comprende que tiene un futuro y empieza a aportar.

Claudia, de 53, deja de preocuparse cuando comprende que tiene un futuro y que es ella quien lo construye.

¿Historias de ficción, dije? Eso fue un engaño. Este texto está lleno de engaños. Cuando escribía sobre los personajes de ONP Cultura, estaba escribiendo sobre mí.

Una verdad: en el encierro, contar tu historia te hará libre.

Soy Andrea cuando ella aprende a esperar una respuesta de su hermano mayor, que vive lejos, por correo postal. Yo era adulta cuando murió Ernesto, mi hermano mayor, pero soy chiquita en cada sueño donde él me habla.

Soy Claudia cuando ella admira a su mamá, a quien he inventado como la mujer más sabia del mundo. O acaso estoy describiendo a mi propia mamá. Soy la mamá de Claudia cuando alucino con ser la mujer más sabia del mundo para mi hija Marcela.

Soy Matías cuando él recuerda el día en que su abuelo salió enfermo de su casa y nunca regresó. Yo tenía cinco años cuando mi papá murió, también recuerdo ese día. Me dijeron que Dios se lo había llevado para curarlo y me alegré. Soy Matías cuando él aprende a no esperar.

En el encierro, contar tu historia te hará libre y solo sabrás que es tu historia cuando hayas terminado de escribirla.

Me ocurrirá lo mismo con este texto, que pretendía ser una crónica sobre el Perú y la pandemia. Después del punto final, será el espejo en el que me miro.

Me miro y no llevo aretes puestos. Dejé de pintarme las cejas y las pestañas, que es lo único que me pintaba cuando vivía en ese mundo donde me ponía tacos y vestidos. «Si en mi interior aún tengo 20 años, ¿por qué me mira ese estúpido carcamal desde el espejo?», escribió Rosa Montero en el 2018.[2] Comienza el semestre universitario 2021-1 y nos indican que «los docentes tienen la obligación de encender su cámara durante el dictado de clases virtuales». Me pongo aretes. Me pinto las cejas y las pestañas. Y así, mientras me acostumbro a verme como antes, sigo acostumbrándome a hacer lo que nunca había hecho: enseñarles a escribir a esas voces que salen de mi laptop. Siguen siendo personas. Yo no obligo a mis alumnos virtuales a encender sus cámaras y ellos siguen siendo personas.

En el Perú de la pandemia, solo nos queda seguir educando. El 11 de abril, en la primera vuelta de las últimas Elecciones

---

[2] Véase: https://elpais.com/elpais/2018/12/17/eps/1545051114_705693.html

Generales, hubo ausencia masiva de miembros de mesa. También fue masiva la crítica hacia ellos. «Cuando me ha tocado ser miembro de mesa, he ido», me escribió mi hermana Gaby ese día por WhatsApp. «Después, hasta le ves el lado divertido al asunto. Es algo para contar», así terminó su mensaje. Estamos hechos para contar, pensé. Enseñar a escribir es enseñar a contar: otra verdad entre tantos engaños de mi último año de cuarentona en un mundo que es otro y un Perú que es el de siempre.

Es editor, dramaturgo y director de teatro. Ha escrito y dirigido las obras: *Verdades*, *El Proceso*, *Fronteras*, y *Toxic*. Adaptó y dirigió la versión de *Antígona* de José Watanabe y fue seleccionada para el Testival de Teatro de Chicago 2021. Ha publicado el libro *Correo no deseado*. Sus textos han sido traducidos al inglés, japonés y publicados en Estados Unidos, Japón, España, Argentina, México, Chile y Colombia. Ha sido finalista de CONACINE en dos ocasiones y ganado diversos galardones, incluido el Premio Latinoamericano de Periodismo Siemens.

Trilogía del sobreviviente

Crónica pandémica en tres palabras

MIEDO

Miedo a respirar. A estar cerca, a oler. Miedo a abrazar, a que te abracen, a que te hablen. Miedo. Miedo a presionar un botón, a agarrar un vaso, una botella, un papel. Miedo a estar cerca de la persona que amas, miedo a amar como amabas, a que te amen solo a distancia. Miedo a contagiarte, a contagiar, al homicidio culposo de alguien que quieres, de alguien que no conoces. Miedo a que te mate un suspiro, un estornudo, una carcajada. Miedo a salir, miedo a quedarte, miedo a perderte y nunca más encontrarte. Miedo a no volver a ser quien eras, miedo a acostumbrarte, miedo a no adaptarte. Miedo al ver el noticiero, al escuchar la radio, al leer el diario. Miedo a sacar las cuentas, a sumar muertes, a restar vidas, a multiplicar contagios, a dividir familias. Miedo a que te vean con miedo solo por ser descendiente asiático y que tu cara te acuse y te estigmaticen y te señalen y te rehúyan.

Miedo a lo invisible, a lo que no huele, a lo que no duele, a lo que no pesa, a lo que no se cansa, a lo que no renuncia, a lo que no se detiene, a lo que vuela, a lo que viaja, a lo que amenaza, a lo que contagia, a lo que no ríe, a lo que no llora, a lo que no se conmueve, a lo que no se apiada, a lo que no descansa. Miedo a los que no tienen miedo, a ver bocas y narices desnudas, calatas, libres. Miedo a ver colas de gente, colas en mercados, en bancos, en tiendas, colas en ministerios, en municipalidades, en plantas de oxígeno, en restaurantes, en centros comerciales, en cajas de supermercado, en paraderos y en farmacias. Miedo a no ver alcohol, a no ver papel higiénico, a no ver medicinas, a no ver doctores, a no ver enfermeras.

Miedo a perder tu trabajo en el peor momento para perder tu trabajo.

Miedo a tener que aprender, forzosamente, palabras antes ignoradas como hidroxicloroquina, azitromicina, ivermectina, antígenos, molecular, hisopados, oxímetro, saturación y tocilizumab. Miedo a tener que entender conceptos como primera y segunda ola, ratio de contagio, curvas y picos, asintomáticos, contención, mitigación, letalidad, mortalidad, inmunidad, cepas y más. Miedo a ver desde lejos, o de cerca, fiestas con gente feliz, bailando, próximas, bebiendo, celebrando, disfrutando, cantando. Miedo de saber que tu mejor amigo realiza reuniones en su casa con la familia de su esposa. Miedo de saber que ese mejor amigo sigue yendo a su oficina y celebra reuniones de trabajo en un mismo ambiente con más gente. Miedo a que se muera tu mamá porque tiene sobrepeso y sabes que es una víctima fácil. Miedo de que se te muera tu hermana porque tiene sobrepeso y es una víctima fácil. Miedo de que te mueras tú porque tienes sobrepeso y eres una víctima fácil.

DESCONCIERTO

Desconcierto de no saber qué pasará, de no entender qué pasó y cómo comenzó. Desconcierto al beber el café de la mañana, al pasear a tu perro, al oír a tu presidente. Desconcierto súbito y profundo cuando te enteras de que esa bodega, la que estaba cerca de tu casa, donde comprabas interdiario tus antojos, cerró para nunca más abrir. Desconcierto cuando te enteras de que tu amigo del trabajo se contagió cuando fue al dentista y se murió como si su vida no valiera nada; cuando te enteras de que la mamá de tu amigo del teatro falleció a pesar de todos los esfuerzos, de todas las colectas y de todas las buenas energías, como si tus deseos y rezos no valieran nada; cuando te enteras de que personas muy cuidadosas y que siempre se protegían se contagian, como si tus cuidados y protecciones no valieran nada.

Desconcierto cuando por primera vez inicias una videollamada para dictar clases y te das cuenta de que muchos de tus alumnos también están desconcertados y ansiosos. Desconcierto cuando en la universidad te dicen que el ciclo se suspenderá y luego reculan y dicen que no se suspenderá y luego te dicen que el sílabo será el que cambie y luego te dicen que hay órdenes que seguir y que tus sugerencias están de más. Desconcierto cuando te enteras de que la costa verde nunca ha estado mejor debido a que ya no hay humanos en sus alrededores y confirmas, tristemente, que las personas son el verdadero virus y lo que llamamos virus es la verdadera cura para un planeta intoxicado de humanidad. Desconcierto cuando ves que tus países vecinos empiezan a vacunar a su población y en tu país no llega ni una puta vacuna. Desconcierto cuando escuchas a personas decir que no deben entregarse bonos para los más pobres, cuando te enteras de que hay personas con dinero que aceptan gustosas las canastas familiares de emergencias, cuando corroboras de que una pandemia no solo no ahuyenta, sino que convoca más a la corrupción. Desconcierto cuando no sabes a quién creerle, cuando escuchas que hay una vacuna peruana, cuando escuchas que un medicamento para perros puede prevenir el contagio, cuando escuchas que tu prima puede curarte con hierbas y frutas, cuando escuchas que Bill Gates creó el virus para controlar mentalmente a las personas, cuando escuchas que la tecnología 5G te convierte en un celular humano, cuando escuchas que el dióxido de cloro, una sustancia de limpieza industrial, previene el contagio, cuando escuchas que beber alcohol elimina al virus alojado en tu garganta y cuando te enteras de que 800 personas fallecieron por beber alcohol altamente concentrado con la esperanza de 'desinfectar' sus cuerpos.

IRA

Ira cuando te enteras de que tu presidente se vacunó en secreto y luego trató de convencerte de que lo hizo como un acto noble de inmolación por tu propia salud. Ira, cuando tu ministra de Salud, aquella que dijo que «el capitán es el último que abandona el barco», admite que se vacunó a escondidas porque cedió a sus miedos. Ira cuando te enteras de que las vacunas se pudieron comprar antes, mucho antes y salvar miles de vidas que se pierden en los registros. 50N 74N705 105 MU3R705 QU3 Y4 P3RD1M05 14 CU3N74. Y los números invaden y suman y crecen y se multiplican.

Ira cuando dos jóvenes se mueren en las calles, asesinados

por políticos corruptos, sedientos de poder. Ira de saber que trataron de ocultarlos, que trataron de silenciarlos, que trataron de desaparecerlos. Ira de comprender que solo la muerte de dos jóvenes pudo detener la ambición, el ego y la criminalidad de saco y corbata. Ira de darte cuenta de que tu clase política no tiene clase, ni hace política.

Ira de ver cómo los empresarios suben los precios de las medicinas aprovechándose de la necesidad de las familias que venden sus casas, sus autos, su ropa y todo lo que puedan para costearle la sobrevivencia a su ser querido. Ira de ver que las clínicas facturan cientos de miles de soles para atender a personas que solo quieren seguir respirando. Ira de ver cómo tu otro mejor amigo tiene que pagarle 1,000 soles a un doctor para que lo atienda a domicilio y le haga una receta, lo mande a descansar y a medirse su temperatura. Ira contenida cuando veas a los adultos mayores haciendo colas desde las 3 a. m. para que sean atendidos al mediodía. Ira cuando descubres que hay personas que han estado vendiendo por lo bajo las vacunas. Ira cuando también descubres que para compensar esas vacunas vendidas ilegalmente algunos enfermeros y enfermeras se aprovechan de la distracción de los ancianos para fingir que les aplican una vacuna que nunca recibieron.

Ira, dolorosa y asfixiante, cuando ves que no vacunan a tu madre porque se acabaron las vacunas el día y la hora de su cita.

Ira al saber que hay empresas que recibieron el dinero del estado que era para seguir pagando a sus trabajadores, pero que los despidieron de todas formas y lo que hicieron fue pagar deudas, cambiando un interés por otro menor. Ira cuando ves que los policías que deben cuidarte y protegerte te cobran 800 soles para que puedas circular cuando está prohibido.

Ira al saber que funcionarios de oficina y escritorio que no tienen contacto con pacientes recibieron su vacuna solo por pertenecer a un ministerio u oficina coordinadora. Ira cuando desplegamos toda nuestra conveniencia, privilegios y egoísmo para sacarle la vuelta a una norma. Ira porque solo puedes sentir eso, solo ira, como si fuera parte de la enfermedad, como si fuera parte de padecer por respirar todavía.

Miedo, desconcierto e ira en una pandemia que deja más secuelas que las físicas. Miedo desconcierto e ira para seguir caminando y seguir mirando y seguir sintiendo y seguir respirando y seguir durmiendo. Miedo, desconcierto e ira para sobrevivir, para combatir, para no dejar de latir.

Nada de lo que ha escrito tiene de ficción porque lo real lo hace vivir escribiendo de las quimeras de la existencia. Y en esa sustancia ya pasa los 40 años de cronista crónico que lo ha llevado a publicar una treintena de libros desde una visión de experiencias intensas como este fragmento que publicamos de *Asfixias*, cuando por su raza de periodista sobrevivió a la peste y obtuvo pasaporte a la inmortalidad. Jáuregui nos adelanta su epitafio: «Aquí yace la eternidad de su tinta, esa sangre sin caducidad y ese plasma de una escritura perenne».

Y como muere tanto pobre

El segundo cementerio más grande del mundo se encuentra en Villa María del Triunfo al sur de Lima. Hoy está poblado por las víctimas del tsunami pandémico que ya inauguró su segunda temporada en el Perú. Desde sus aposentos están enterrados gran parte de los 70 mil muertos de la COVID-19. Hoy lo visito porque allí moran mis familiares y amigos. En abril de 2020, yo ya tenía un lugar en ese campo santo. Me salvé por esas cosas del Señor. Aquí cuento algunos de esos días cuando la vida no valía nada.

DÍA 0. Me estaba tratando de una dolencia ocular en el hospital Rebagliati de Lima. Tenía que llegar a la cita por la tarde de ese 6 de marzo de 2020. Y al mediodía, ya el presidente Vizcarra había anunciado que teníamos en el Perú al primer infectado por el coronavirus. Algunas alarmas casi imperceptibles se activaron en el hospital mientras avanzaba a la farmacia. Y me detuve. No, dije, pegué la media vuelta y regresé a mi casa. Anochecía en Lima y desde Pueblo Libre llamé a un médico amigo. Le conté de mi espantada en el Rebagliati. Lo entendió. Mis cataratas podían esperar. Los limeños no la tomaron a la tremenda. La vida seguía y por más tiempo. Pero la peste ya había derribado nuestras primeras defensas. Diez días después, el 15 de marzo, el presidente del Perú, Martín Vizcarra ordenaba el aislamiento social obligatorio por 15 días, luego el toque de queda, el cierre total de las fronteras, y la prórroga del estado de emergencia por 13 días más.

Durante este breve tiempo, el Perú había cambiado tanto como todo el planeta. Algunos la llamaron la 'plaga china' y otros recién supieron qué diablos era la COVID-19. De pronto, el Ministerio de Salud anunció los primeros muertos. Era real, la epidemia mataba como en las películas. Y el peruano sabía que los sistemas de salud eran (son) perversos, que afligen y matan. Y resignados y por tradición, a uno solo le quedaba preconizar y solemnizar a sus muertos. Pero ahora ni eso, el virus aniquilaba a sus seres queridos y los convertía en almas sin nombre y sin sustancia. Y por decreto eran incinerados y convertidos en cenizas y así se le sustraían de la memoria. Pero los dolientes debían transitar por otras agonías.

La COVID-19 había desnudado grandísimas desigualdades. La salud dependía de una estructura débil y un inestable sistema organizativo del ente rector. Ni qué decir de las instalaciones obsoletas de sus hospitales públicos y sin equipos médicos. Ese era el teatro del drama mortal en medio de las enormes brechas sociales y la desigualdad en el Perú.

Y un familiar me hizo llamar desde el Hospital Dos de Mayo. Estaba grave. Y conseguí el salvoconducto y avancé hasta los Barrios Altos. Para llegar hasta la zona de la UCI tuve que bordear pasadizos y patios donde todo era improvisado.

Así escribí aquella noche: «Llevo los trajes de bioseguridad adecuados, nadie me reconoce. Los espacios asignados para el aislamiento y atención de pacientes sospechosos fueron desbordados. Otro médico amigo me guío entre las camillas. Al fin pude ver a mi pariente. Él también me vio. Una enfermera me pasa una receta. Alcanzo a leer, hidroxicloroquina y azitromicina. Antes de salir rápido para la farmacia me despide apenas alzando la mano. Él me mira ansioso con algo de esperanza. Fue la última vez que lo vi. Luego de 18 horas lo declararon muerto».

DÍA 5. En Lima, el Hospital Dos de Mayo junto al de Ate, el Hipólito Unanue, el Villa el Salvador, el Sergio Bernales y el Cayetano Heredia, según el Ministerio de Salud, son los únicos centros de atención y tratamiento para controlar la COVID-19. Todos rebalsan de pacientes. Pero con la pandemia o sin ella siempre fueron así. Entrevisté a varios médicos no necesariamente especialistas en el virus. «Aquí no se cobra por el diagnóstico, detección y tratamiento. Y cierto, está bien, es gente muy humilde», me dice uno de ellos. Pero está asustado como todos. El Minsa estableció para los médicos vacunas obligatorias contra la influenza y el neumococo. Además, son prioritarios en la prueba rápida de detección de la COVID-19. Pero luego agrega el médico: «Estamos trabajando junto a la muerte. Y no hay los implementos de protección. Yo perdí a una paciente y me deprimí. Quisimos salvarla, pero no pudimos. Y todos nos pusimos a llorar». El viernes 3 de abril una doctora me alcanza un documento. Dice: «Carta Abierta de los Médicos Residentes del Área COVID-19 del Hospital Nacional 2 de mayo». En el texto leo que piden urgente 576 mascarillas

N° 95. Igual cantidad de mandiles quirúrgicos descartables, además de ropas quirúrgicas descartables y lentes herméticos. La carta explica que son 48 residentes que realizan 12 guardias en las áreas de los pacientes infectados y que por cada turno deben renovar sus equipos de protección, pero esto no ocurre porque ya no hay en el almacén. Por lo tanto, piden a todos los peruanos su urgente colaboración para que puedan seguir trabajando. El documento termina: «Para ayudar escribe a residentescovid19@gmail.com».

El panorama es idéntico en otros hospitales. Ya no hay gel, ni gorros, ni lentes ni guantes estériles. Todos los trabajadores de salud hacen lo inimaginable para dar vida a utensilios que son para «un solo uso». Y trabajan a tientas. El mal no es uniforme y muchas veces es asintomático. Se adivina, se sospecha, se intuye, me dicen. Un médico ha llegado de Iquitos y cuenta que allá la mayoría no hizo caso al Estado de Emergencia. Que jamás imaginaron que el drama iba ser mortal. Y porque la orden de aislamiento social obligaba a no tener ingresos para alimentar a sus familias. Salieron a trabajar sin cuidado y hoy el virus los ha desbordado a pesar que tienen en la boca las palabras «eficacia» y «transparencia». Este coronavirus ya convirtió a la geografía humana en víctima global de una catástrofe.

DÍA 12. Y tuvo que llegar la peste para conocernos una vez más cómo somos. Y no es que uno cuide más el culo que el aparato respiratorio. Eso a raíz de las turbas histéricas que se arranchaban el papel higiénico en un mall del cono norte. No. Me pregunto: ¿qué hice yo para vencer este drama? Jodido, casi nada, escribir y denunciar. Mientras, mis vecinos en masa son víctimas de la ignorancia y el egoísmo. En esta hora, uno sabe quién es una persona de bien y quién un miserable. Y hay miles de ejemplos. Los sensibles y las víctimas de esa nefasta ideología llamada neoliberalismo. En el mercado, en el bus, en la chamba. Y cierto, algunos con su tarjeta de crédito andan boyantes con sus mercancías. Los otros miran. Decía mi amigo Elmer 'Paiche' Olórtegui que la cosa era más simple. Que estamos en guerra sin cuartel y sin prisioneros contra un enemigo invisible y sin cerebro, pero dotado de un poder que amenaza nuestra existencia como especie. Y digo yo, qué mejor oportunidad para ese hombre mediocre que es Vizcarra para quedar en la historia. En la playa del súpermercado las 4x4 siguen cargando papel higiénico. Y en las cumbres de Ticlio Chico no hay una puta gota de agua. Esa es la diferencia, unos se dan cuenta y otros no. Sobreviviremos, lo sé. A pesar de retornar a una cultura inverosímil, tribal y premoderna.

Martes, 2 de junio de 2020

EL DOLOR (I)

He parado mi testimonio desde el 16 de mayo. Confirmado. Estoy infectado con la COVID-19. A inicios de la pandemia investigué en los hospitales Dos de mayo y Loayza de Lima. Con el carro de mi hijo visitamos Ticlio Chico, Pasamayito de Collique, Ventanilla Alta. Recogí testimonios de enfermos, médicos, enfermeras. La mayoría, hoy están muertos. De las imágenes más pavorosas, la mirada de los infectados: el dolor. Mi libro habla con entrevistas a autoridades de salud y la policía. De las decisiones, la mayoría en el error. Y luego el protocolo de la muerte. Los deudos sin liturgia y la arquilla cruel con las cenizas. Y de nuevo el dolor. Y el duelo, luego, todos los miedos y al final, solo en la cornisa del abismo.

Y trabajé con las medicinas y las farmacias. Cierto, en todo era ostensible la desigualdad social. Había remedios para poderosos y otros para miserables. En la red WhatsApp que construí comprobaba como mis nuevos amigos agonizaban sin remedio. Ellos, habitantes de la desesperanza, y al final, la muerte en medio del dolor. Y ahora yo estoy infectado. Mis amigos médicos me asisten prestos. Otros me alcanzan las medicinas. De EsSalud me visitan cada tres días. Ya me acostumbré a la fiebre, el ahogo, el miedo. Pero no puedo con el dolor. Me arde todo el cuerpo y llego a los gritos. Sé que así es la muerte. Aguardo.

DÍA 19. Nuestras vidas cambiaron. Se alteró el orden y se democratizó la muerte. Ya no seremos los mismos. En el Perú oficial hay más contagiados de los que podemos contar. Nunca el planeta fue más peruano ante la dimensión de la tragedia que, además de matar gente, ya destrozó la economía de la mayoría. Y el verano terminó abruptamente. Y los proyectos también. Chinos, italianos, españoles morían sin misericordia. Y la infección ya estaba aquí. Me quedé sin trabajo, la plaga nos pegaba a todos. Eran horas inéditas en el mundo. Y luego, el miedo natural a lo ignoto, al mañana. Y solo la solidaridad como salvación.

Tengo el televisor y el internet encendidos las 24 horas. Repaso a H.G. Wells y Bradbury, nunca más puntuales. Hablo de lejos con mis hijos. Que un vecino está grave. Que hospitalizaron al tío Pedro. Y cómo los ayudo, también. Y suena el teléfono y ojalá no sean malas noticias. Afuera, jamás el silencio fue tan cómplice con el temor. Pero tengo esperanzas. A pesar que a ciertas empresas y a las mineras ni se las toca. A pesar del «emprenderurismo» y el «capitalismo popular». Ya que jamás aprendimos tanto tan rápido, hoy la cuarentena debe ser radical. Estamos en guerra, ganamos si somos inflexibles. Viviremos solo con disciplina. Digo nosotros, no yo. Entonces juntos, venceremos.

Miércoles 10 de junio de 2020

El AHOGO (II)

7 a. m. Temperatura: 38'1 (bajando). Resultado del pulsioxímetro: 90/100.

Estado de ánimo: sumido en la depresión. Me regresan las ganas para terminar mi libro. Hoy, desde las 4 a. m. regresaron los escalofríos. Subió la temperatura a 38'3. Agitación y bochorno. Dolor de garganta y oídos. Va pasando en estos momentos. Es muy difícil pasar la saliva. Sin apetito. Sin sensación del sabor. Mi lengua insensible. Lo peor, los dientes sin fijeza. Ardor en las encías. Tomo la receta del Dr. Jorge Vigo: Kión, ajo, limón, cebolla, canela. Hervidos por siete minutos. Bebo bien caliente cada dos horas. Ligera mejoría con relación al martes. Pesadillas: El ahogo vuelve y despierto gritando. Pobre mi compañera 'La Bizcochito', también infectada por mí, que me socorre entre lágrimas y llena de desolación. Hoy entendí lo que es la amistad. Puedo pagar los 2,800 soles de las tomografías gracias al aporte de mis familiares y amigos. Sin ese gesto económicos hoy estaría muerto. Gracias. Muchas gracias. El neumólogo me ha pedido un par de pruebas más. Tengo 34 cocos de neumonía covid en los pulmones. Lo peor, me arde respirar. Sé que ayer se murió mi amigo Lucho Repetto, sé que cada hora mueren mis hermanos y compañeros de dolor. Insisto, sin el ajo, el kión y Dios hoy no estaría con ustedes. Mis hijos, los tres, están más preocupados. Dios, el ajo y le kión querrá que no llegue a la casa en cenizas. Grito por la vida y lucho contra la muerte. Lo siento.

DÍA 24. En el mercado Rospigliosi un hombre toca una sirena cuando ve que la gente se aglomera frente a un puesto. Pescados o abarrotes. Todos nos miramos con temor. Sí, se respira el miedo. Esa sospecha a lo desconocido, el desasosiego por un futuro incierto. Calma, les digo, y pocos me hacen caso.n Son las peores horas en Lima pero hasta cuándo seguiremos. Y en casa, la nueva rutina del aseo y el cuidado se obedecen. Tengo varios vecinos hospitalizados. Y al teléfono ya nadie da razón. Los muertos se deben cremar. Sin pompas, todos hemos adquirido patente de anónimos. Somos estadísticas y sin nombre propio. Y qué frágil habíamos sido todos. «¿Sobreviviremos?», me preguntan. «Sí, claro», balbuceo. Jamás el espectáculo de la muerte fue universal. El presidente trata de poner calma, pero el alcalde está como el cangrejo. Aislados cada quien trata de inventar una ingeniería doméstica para subsistir. De algo estoy seguro, ya no seremos los mismos.

Tengo mis libros pero no hay ganas de abrirlos. Mi música la escucho en silencio. Perdónenme, trato de no ser pesimista. Solo la solidaridad me consuela. Y ya se acabó el aceite. Pero el sistema de salud funciona. A otro vecino lo sacaron en camilla. Memorizo su estampa. Aguardo con disciplina que pase la peste. Aliento a los míos. Como diría Quincas: «que cada quien cuide su entierro que imposibles no hay».

Lunes 8 de junio de 2020

DÍA 20

7 a. m. Temperatura: 38'2 (bajando). Resultado del pulsioxímetro: 91/100. Estado de ánimo: Muy irascible. Deprimido y desolado. Preocupado por lo que viene. Saber que no mejoro de manera ostensible. Como cada mañana desde la última semana, hoy estrené dolores lumbares y espalda. Me arde a la altura del diafragma. Hincones muy agudos a las rodillas. Con pérdida de reacción para ponerme de pie. Camino con dificultad de mi dormitorio al baño. Desde anoche los dedos de la mano se agarrotan y tengo hormigueo en las palmas de la mano. Mis uñas se ponen azuladas. Insomnio sostenido. Duermo máximo 45 minutos. Pesadillas frecuentes. Aparecen mis padres ya desaparecidos de manera recurrente. Olvido temas mínimos. No recuerdo si tomé o no mis pastillas. No sé qué día es. Cada 30 minutos ganas de orinar con escasa expulsión. Ardor a la uretra y próstata. Desde hace 72 horas: diarrea moderada. Hoy, otra vez, desde las 4 a. m. regresaron los escalofríos.

DÍA 31. El administrador de Metro de la Av. Colonial me cuenta que la venta de productos higiénicos ya bajó y lo que está en alza es la venta de cerveza y otros licores más que los fideos y el arroz. También, es cierto, que esta última semana descendió el número de visitas de cada comprador, pero aumentó ligeramente el volumen de compra individual. Cosas de la cuarentena, me dice. Pero el último sábado 4 de abril, los mercados y paraditas de zonas populares como Huaycán, Carabayllo y Villa María del Triunfo parecían ferias de ofertas. Y eso que ese sábado solo podían circular mujeres. No obstante, en los alrededores, multitudes desbordaban con su tráfago. Y al mismo tiempo el Ministerio de Salud aclaraba que había decidió comprar mascarillas descartables N° 95 a pequeñas empresas debido a que tenían stock disponible de forma inmediata para atender la emergencia nacional. Y esto luego que la Contraloría emitió un informe en el que señaló que el sector Salud realizó la adquisición de mascarillas a un proveedor que ofrecía el producto a un mayor precio.

El comunicado decía: «Dada la coyuntura de la salud pública en el país, el Minsa se decidió por esta compra, lo cual contribuye a combatir la pandemia en el país». Por cierto, pocos creyeron el argumento. Si bien es cierto, la aprobación popular de las medidas de emergencia, le dan respaldo y libre campo de acción al gobierno, no faltan los pájaros de malagüero. Para las barras bravas digitales del fujimorismo nada de lo que se hace de manera oficial es bueno. La turba que dirige la ahora congresista Martha Chávez en las redes sociales no deja ministros en pie. Y otros políticos recientemente expulsados de los paraísos de la corrupción, como bichos estercoleros, aprovechan para pedir que liberen a Keiko. Los que han bajado el tono son los fanáticos religiosos. Esta vez los 'rojos' o 'caviares' no son culpables, como en otras ocasiones, del sida, el cólera, el SARS o el AH5N1.

Atolondrados, no se deciden por el fin de sus privilegios o el fin del mundo.

Jueves 11 de junio de 2020

DÍA 23

7 a. m. Temperatura: 37'6 (bajando). Resultado del pulsioxímetro: 92/100. Estado de ánimo: Entusiasmado por los proyectos laborales que han aparecido de sorpresa. Basta de ser el cholo barato y calato. Pero con tristeza también porque no mejora mi visión. No puedo leer (estoy dictando este texto). Como cada despertar de estos últimos días, con menos intensidad hoy estrené dolores en las caderas. Con poca movilidad. No puedo flexionar ni asentar los pies para caminar. Insomnio sostenido. Duermo máximo 45 minutos. Sueño con sobresaltos. Pesadillas, siempre con la sensación de ahogo. Cada media hora, ganas de orinar con escasa expulsión. Ardor en la uretra y la próstata. Ya me pasó la diarrea.

Hoy desde las 4 a. m. regresaron los escalofríos. Subió la temperatura a 38'4. Leve convulsión. Agitación y bochorno. Ya me estoy acostumbrado a ese estado tortuoso. Desde hace 9 días me inyectan Ceftriaxona 5g. Bueno, las nalgas no las tengo en buenas condiciones. Resisten con estoicismo. Trato de ver películas y al rato se me nubla la visión. Trato de leer, pero no me concentro. Yo que era un enfermo de las redes sociales. Estoy de para obligada. Volveré.

Desde ayer estoy tomando aceite de eucalipto, infusión de matico y Agua Hidrogenada Estructurada (Gracias a Jeanett Enmanuel, Sandrita, Rosa María, Alfredo Díaz y al escritor Carlos Enrique Freyre). Ya no tengo pendientes con las tomografías ni pruebas a la sangre donde hasta hoy se ratifica una palabra que detesto: infectado.

N.R: Mi libro se llamará *Asfixias – Crónicas desde la peste*. Avance: 30 %.

DÍA 35. En los Estados Unidos, España e Italia el panorama es devastador. Manuel Castells: «No es el fin del mundo. Pero es el fin de un mundo. Del mundo en el que habíamos vivido hasta ahora». No se lo podré repetir a Ricardo Gutiérrez, mi amigo periodista, muerto y víctima del coronavirus. Hoy es el día 29 desde que se anunció que el coronavirus ya estaba en el Perú. Es un domingo singular, nadie sale de sus casas. Afuera, las calles solitarias nos vuelven a enrostrar que jamás seremos iguales. Y hay una versión oficial que insiste en llamar a los difuntos, muertos oficiales. Y no es así. Aquí se muere sin adioses ni duelo. Anónimos, los muertos son una cifra pública, un digito, un cupo. Y el país es una fosa común que se incrementará con más muertos a consecuencia de las heladas y el friaje que ya aquejan a las comunidades altoandinas del sur. Yo que casi estuve muerto en las fauces de la COVID-19, sé de lo que hablo. Por ello me obligo al trabajo riguroso del periodismo. A ese espacio ético e innovador de los cronistas que estamos en el vórtice de la peste. No especulo ni milito en la patraña. Y en eso estoy comprometiendo a mis colegas. Porque ahora me creen más. Porque por estar agónico me crecieron los amigos. Y son miles. Me escriben y me llaman. Y me dicen que me cure y que rezan por mí. Y en este país donde la clase política y la mafia económica usan al Estado como botín, pues abrazo (con el omóplato) a mis nuevos amigos. Les juro que los quiero. Y que la muerte no nos cazará a pecho calato.

Y seguiremos combatiendo.

Jueves 18 de junio de 2020

DÍA 24

Subió la temperatura a 38'3. Resultado del pulsioxímetro: 92/100. Leve convulsión. Agitación y bochorno. Dolor de garganta y oídos. Va pasando en estos momentos. Trato de ver películas y al rato se me nubla la visión. Trato de leer, pero no me concentro. Escribo con mucha dificultad porque mi visión ha disminuido en un 40%. Otra vez sin apetito.

Lástima, he perdido la sensación del sabor. Mi longua incensible. Lo peor, siento los dientes sin fijeza. Ardor en las encías. Tomo infusión de eucalipto y cedrón sin azúcar, previas inhalaciones. Ligera mejoría con relación al domingo. Desde el 11 de junio de 2020, estoy con nueva medicación: Levofloxacino 750 mg. Pradaxa (Dabigatrán etexilato). Xarelto (Rivaroxabán 15 mg). Ceftriaxona (1 g). Inyectables. Además, tomo unos frascos de agua Renacimiento – Bound in veternum e Higanatur Max Forte, Omeprazol 20 mg. Y Alprazolam 0.5 mg. Me atienden los doctores: Jorge Vigo Ramos, Milagros Puente, Ramón Mendoza del Pino, Manuel Espinoza y Ciro Maguiña. Mi eterno agradecimiento para todos. De igual manera al Colegio de Periodistas de Lima y al diario *La República*.

N.R: Mi libro detenido. Sin ganas para escribir. Cada vez más doloroso el avance.

DÍA 36. Si hay un lugar donde Lima se encuentra con su honda tradición y abolengo esa es la Plaza de Acho. Hoy en sus arenas, están refugiadas familias de familias de indigentes y otros pugnan por un techo y una botellita de agua. Como si los pobres se hubiesen multiplicado en la capital del Perú, en cada esquina, en cada rincón, aparecen decenas de limeños menesterosos que, estirando la mano, merodean los bancos y mercados. Muchos muestran el trajín de sus años, son gente de la tercera edad y que casi nadie hace caso.

Como si este inicio de 2020 fuera el comienzo de un tiempo turbio coronado de pestes y desgracias, a la expansión del mal hay que sumarle otras desgracias. El médico infectólogo Ciro Maguiña declara que: «Nadie sabe qué va a pasar, solo conoces como hay que cuidarse hoy para no terminar infectado». Y hasta el día 15 de la cuarentena impuesta por el gobierno, en todo el Perú ya se llegaba al millar de infectados. El mismo presidente Marín Vizcarra informaba que se hicieron más de 13,000 pruebas y 12,502 habían dado negativas. «Hay 238 casos hospitalizados y 53 que están declarados sanos y han sido dados de alta. Existen 49 pacientes en Unidad de Cuidados Intensivos (UCI) y 37 están con ventilación mecánica», dijo la tarde del lunes. Ese mismo día se supo que en Iquitos, la región que ha sido duramente golpeada por el dengue y que enfrenta la pandemia de la COVID-19, le fue asignado un presupuesto de 2.3 millones de soles para enfrentar la pandemia, además de 2.6 millones de otras fuentes. De todos estos fondos, que suman casi cinco millones de soles, la ejecución de los mismos es apenas de 10 mil soles. Una de las razones probablemente sea que hay restricciones del mercado, que se ha cerrado por la crisis. Pero una gestión oportuna hubiese en su momento permitido tomar decisiones que faciliten el trabajo que se realiza en Iquitos.

Y Víctor Zamora, ministro de Salud, explicaba poco entusiasmado en RPP: «En el manejo de cadáveres, estábamos bastante desarrollados para fallecimientos por la COVID-19 en los hospitales. Para los que fallecen en sus domicilios o fuera de ellos, el protocolo establece que todo cadáver diagnosticado con la COVID-19 es incinerado. Cuando no hay cómo incinerarlo, hay unas bolsas especiales para el entierro. Todas las familias recibirán las cenizas de sus familiares».

Viernes 19 de junio de 2020

DÍA 25

7 a. m. Temperatura: 36'6 (bajando). Resultado del pulsioxímetro: 93/100. Estado de ánimo: Una sensación de estremecimiento. Mis amigos de Huánuco me han organizado una misa virtual por mi salud hoy a las cinco de la tarde. Es una experiencia extraña. Les agradezco, pero de verdad tengo pánico. Y es un pánico que me asalta no de ahora, sino desde el principio de mi contagio. Que se produce inesperadamente, estando despierto o dormido. Uno de lo médicos que me asiste dice

que estos asaltos de miedo intenso y malestar corporal son propios del combate que vengo librando contra el virus. Que tuve la mala suerte que sea el más agresivo y aparece dejándome en un estado de confusión.

Esta madrugada regresaron los escalofríos a las 3 a. m. Leve convulsión. Agitación y bochorno. Dolor de garganta y oídos. Es que anoche no pudo venir a casa la enfermera que me coloca la inyección de Ceftriaxona (1 g) y me tuvieron que llevar a la clínica. Esa salida, supongo, me afectó. Mi respiración se ha regulado. Las arritmias ya no me toman de sorpresa. Trato de hacer ejercicios, flexiones, pero resulta muy doloroso. Supongo que pasará con los días.

Quiero confesar que las nalgas las tengo moradas de tanto pinchazo y que uso una pomada: Diclofenaco sódico para contrarrestar el dolor. Luego, continúan los hincones a las articulaciones, rodillas, muslos y tobillos. Sobre mi alimentación, como frutas y verduras. Regresó ligeramente el apetito. Me llama a comer dulce. Lástima, todavía no recupero la sensación del sabor y del olfato. Mi lengua insensible. Lo peor, siento los dientes sin fijeza. Ardor en las encías.

Siento ganas de orinar cada 15 minutos con escasa expulsión. Ardor a la uretra y próstata. Finalmente, el hecho de que ya no tenga fiebre habla de una mejoría que se esfuma apenas comienzan los dolores en todo el cuerpo. A mis amigos gracias por sus consejos y aliento. Sin ellos hoy no estuviera contando sobre estas horas dolorosas que puedo soportar porque sé que me quieren.

DÍA 37. En las alturas de Collique, a la vera de la trocha Pasamayito, Celinda Ramírez posa para la foto que le están tomando los del programa Pensión 65, quienes le han obsequiado tres barras de jabón. De una batea levanta sus manos llenas de espuma y sonríe con el fondo aéreo de las alturas de Lima. Ella y sus vecinos, otros venerables ancianos peruanos, saben que hay que lavarse las manos para evitar el coronavirus, pero están fregados, ya no hay agua.

Como ellos, siete millones de peruanos no tienen agua potable. Entonces, lavarse las manos por 20 segundos —

como reza el anuncio oficial— es una fantasía y vale un ojo de la cara. Según el INEI, el 22.3% de connacionales no tiene acceso al servicio de agua potable. Y la peste todavía nos los tocó. Pero ya llegará la hora y sin agua y con la expansión de la pandemia, la situación será dramática.

Marcia Rivera, una madre de familia vecina de Los Jardines, un asentamiento humano en lo más alto de los cerros de Comas, se quejaba: «Cuando escucho que nos piden lavarnos las manos a cada rato, por 20 segundos, entro en desesperación. ¿Cómo hacemos nosotros si no tenemos agua por días? Yo tengo un hijo asmático de 12 años y me da miedo que se pueda contagiar». Igual sucede en Villa María del Triunfo, en los altos de Ticlio Chico, esta semana la cisterna del agua potable jamás llegó y los 'bombeadores' querían cobrar 20 soles el cilindro. Entonces, a pesar que todos respetan el estado de emergencia, pocos podrán hacer caso las advertencias de la Organización Mundial de la Salud.

Y hay un presidente Vizcarra sagaz y comunicativo que remontó crisis tras crisis desde que remplazó a PPK, defenestró al congreso anterior y viene enfrentando una de las pandemias más mortales de las últimas centurias. Y hay otro Vizcarra, sin brillo estadista y mediocre de solemnidad que gobierna tapando huecos, improvisando y lustrando los lugares comunes, acompañado de un coro ministerial gris e insignificante. Para la mirada de la población, esa inopia solo favorece a la gran empresa y jamás a los trabajadores. Al final de cuentas, el libre mercado es insuperable cuando hay ganancias, pero en tiempos de pérdidas, siempre le queda el Estado.

Sábado 20 de junio de 2020
DÍA 25

7 a. m. Temperatura: 37'2 (bajando). Resultado del pulsioxímetro: 92/100. Estado de ánimo: Leer a Vallejo en ayunas me pone como un titán. Hoy con ganas de hacer cosas. Pero me agito para caminar y debo estar semiechado. Y eso me hace sentir un inútil. Cumplo con el plan de los médicos. Pero ese sentimiento de abatimiento no se va.

Sigo sin dormir bien. Tengo pavor del ahogo. Mi respiración vuleve a ser irregular. De la nada me agito. Las arritmias siguen quitándome la calma. ya no me toman por sorpresa. Trato de hacer ejercicios, no puedo. El dolor es insoportable. Supongo que pasará con los días.

Hoy, confinado y con miedo, recuerdo haber vivido en un país injusto donde mis hijos tomaban leche Enci y en mi casa cocinábamos con kerosene. Que comer carne era un lujo y ser feliz una utopía. Y han pasado los años y todo sigue igual y peor.

Mi tratamiento, a pesar de la gran ayuda de mis amigos, es criminal. Clínicas y farmacias cobran los que les da la gana. Un médico me recomienda que no vaya a la Villa Panamericana. ¿Y el que no tiene dinero? Que lo cremen. Leo a Vallejo. Y tomo mi matico y mi aceite de eucalipto. A ver si llego mañana.

DÍA 38. Hoy el Perú es uno de los países más crueles del mundo: sus hospitales están abrumados. La crisis expuso la desigualdad y la corrupción fuertemente arraigadas que han obstaculizado la respuesta a la pandemia. Pero en medio del drama, se saca algo de ayuda de dónde se pueda para cuidar a los amigos, parientes y a personas que ni uno conoce. Y también hay de las otras. Mis vecinos, por ejemplo, que redactaron una carta para que me vaya a morir a otro lado. Además, hoy que sé que muchos de mis amistades se quedaron sin trabajo y que sus negocios quebraron, siento el dolor ajeno como el mío. Tengo 65 años y la pandemia me puso fuera de juego en todo. Por cierto, en un hospital de Lima ya no me iban a admitir. Y decían que la pandemia era parte de la tercera guerra mundial. Que esta vez no solo iba a ser militar y nuclear. Sin embargo, nadie se preparó para la guerra biológica, ni los que la propiciaron siquiera. Y ahí está lo dicho por la directora del FMI. Que esta guerra fue preparada para eliminar a los viejos. Bueno, como en las universidades peruanas donde a un profesor de más de 65 años lo botan a la calle, como en mi caso. La COVID-19 ya estaba entre nosotros, como escribió García Márquez: «Cuando José Arcadio Buendía se dio cuenta de que la peste del insomnio había invadido el pueblo, y reunió a los jefes de familia para explicarles lo que sabía de la enfermedad del desvelo, y se acordaron medidas para impedir que el flagelo se propagara a otras poblaciones de la ciénaga. Fue así como les quitaron a los chivos las campanitas que los árabes cambiaban por guacamayas, y se pusieron a la entrada del pueblo a disposición de quienes desatendían los consejos y súplicas de los centinelas e insistían en visitar la población. Así, todos los forasteros que por aquel tiempo recorrían las calles de Macondo tenían que hacer sonar su campanita para que los enfermos supieran que estaban sanos. En esa forma tan eficaz fue la cuarentena, que llegó el día en que la situación de emergencia se tuvo por cosa natural, y se organizó la vida de tal modo que el trabajo recobró su ritmo y nadie volvió a preocuparse por la inútil costumbre de dormir».

Miércoles 24 de junio de 2020

DÍA 29

8 a. m. Temperatura: 37'6 (bajando). Resultado del pulsioxímetro: 93/100. Estado de ánimo: Sereno y animado. Duermo gracias a mis nuevas amistades: el Clonazepam 0.5 mg y el Etoricoxib 129 mg. Ambos recetados por el neumólogo, el Dr. Ramón Mendoza del Pino. Solo sé que combaten la artrosis, la artritis y la espondilitis, males que me han invadido con la banda de la COVID-19. En todo caso, combaten el dolor de todo que me hace entrar en convulsiones.

La última tomografía es alentadora. Los nichos del virus que invadieron mis pulmones han disminuido. Igual, las fiebres me atacan sin aviso y una nueva geografía luce en mi cuerpo. Hay zonas rojas, otras moradas, y otras verdes. Los daños de las inyecciones dejan huella. No me puedo sentar. Pero ahí vamos, comiendo harta fruta y mucha verdura. Y casi como un talibán, cumplo con todas mis obligaciones.

Tengo amigos nuevos en las redes. Me hacen llegar más remedios, otras yerbas, aguas y hasta me han enviado rosarios para que me agarre bien de Dios y no lo suelte. Y cómo no voy a estar agradecido. Si antes ni me conocían y hoy son mis hermanos en esta tormenta perfecta que es la muerte. Porque yo estaba realizando una investigación sobre las pésimas condiciones del sistema de salud en el Perú. Y los distintos tipos de muertos. Y comparaba, como en el poema de Borges *Muertes de Buenos Aires*, los muertos humildes de La Chacarita y los restos de los ricachones de La Recoleta: «En tu disciplinario recinto / la muerte es incolora, hueca, numérica; / se disminuye a fechas y a nombres / muertes de la palabra».

Y en los cementerios de Lima, tomando nota, inscribía de las bolsas más tristes del planeta. Bolsas negras con víctimas de la peste, fluyendo en el desaguadero de mi patria en la cuesta final de ese barrio en el que sobrevives a los otros, que sobremueres en esta muerte, no en la otra vida. Y en esa travesía de crematorios, de peruanos anónimos y de aromas a olvidos. Yo era el actor de mi fin y mi finalidad. La poesía que en el fondo no es más que la prensa de todos los sufrimientos, estaba junto a mi lecho y mi abecedario. Y así seguí hasta la asfixia. Y luego el rumor de lo eterno, y ese sabor que dejó la vida. Y las fiebres, y el oxígeno, y las ampollas de todas las memorias. Y el último grito para que no me olviden y uno más para no olvidarlos. Y el cariño de mi familia, y el amor de mis amigos y este resurgir que cierra las puertas del cementerio, por ahora, y que me obliga a contarlo todo en ese libro donde todos agonizamos de a pocos, con toda la fortuna, con toda la miseria. Con esa tonelada de pena que hoy es ceniza. Un día más, señores. Sin ofenderlos son soberbia de vida, sin ser más vida que ellos.

DÍA 39. En tiempos remotos en Lima, en 1868, capitalinos y chalacos sufrieron los rigores de una epidemia de fiebre amarilla. Desde esa fecha y para el común de los mortales, la culpa la tuvieron los extranjeros; en especial, los primeros inmigrantes chinos, quienes fueron culpados de traer la enfermedad. Y desde esa vez fueron denostados y castigados con el aislamiento. Años después, en 1905, los chinos otra vez se ganaron el odio popular por la propagación de la peste bubónica. Luego, clausuraron el famoso callejón de Petateros y los pobres asiáticos terminaron una vez más quebrados.

Hace poco, en 1991, la epidemia de cólera se expandió desde Chimbote a toda la costa del Perú. Los especialistas la llamaron catástrofe convergente porque a la peste se sumó la crisis económica, el colapso de los sistemas de salud, la escasez de alimentos, el desempleo generalizado, el fenómeno del Niño y el terrorismo. Muy pocas cosas cambiaron desde esa vez. En países del primer mundo como los Estados Unidos, China, Italia o España, todos ellos con mejores sistemas de salud que el nuestro, padecen el mal devastador de la COVID-19. Hoy, el gobierno peruano, sabiendo de estas precariedades, tomó medidas drásticas para que la situación pueda ser controlada y apostó por el aislamiento social para reducir el contagio.

Nuestro país, pasto de todos los males, permitió a la impronta popular cantarles a todas las pestes y desde antiguo. *La gripe llegó a Chepén* es un tondero tradicional norteño que paradójicamente resulta una crónica justiciera sobre una de las pestes que asolaron el departamento de La Libertad. Y la letra dice así:

«La gripe llegó a Chepén, ya llegó / la gripe llegó a Chepén, ya llegó / y está matando mucha gente / y como muere tanto pobre / y no muere la decente / ¿por qué será?».

Lima, 1984. Escritora, editora, traductora e investigadora. Doctoranda de la Facultad de Ciencias de la Educación de la Universitat Autònoma de Barcelona, su investigación gira en torno a la representación de género en la literatura infantil. Es comunicadora de profesión, cursó un diplomado en Docencia e hizo un máster en Derechos Humanos. Desde 2008 se desempeña como gestora de proyectos editoriales, autora de textos escolares, docente universitaria, editora, correctora y coordinadora de contenidos, además de dictar charlas y talleres de su especialidad. Tiene cinco novelas infantiles publicadas, una novela juvenil escrita en coautoría con Juan Manuel Chávez, y un libro de cuentos: *Las que somos*. Su traducción, *Extractos de un diario: Perú, 1821*, fue incluida en la Lista de Honor IBBY 2018.

La pandemia de la desigualdad

HEMOS OÍDO EN MUCHAS OCASIONES QUE «TODOS ESTAMOS EN EL MISMO BARCO» EN ESTA PANDEMIA. Pero bien sabemos que eso no es cierto. La emergencia sanitaria, que todavía tiene cercado nuestro planeta y ha sido devastadora tanto para la sociedad como para la economía del mundo, no ha afectado de igual manera a los diferentes colectivos, y uno de los que más ha padecido es el de las mujeres.

Hablar de esta pandemia es hablar de política. Del drama humano no cabe duda, pero es necesario abrir la discusión. El objetivo del Estado es, dicho sin rodeos, promover la prosperidad y el bienestar de sus ciudadanos. Puesto en palabras constitucionales, es deber primordial del Estado el «proteger a la población y promover el bienestar general» (Título II, Capítulo I, Artículo 44 de la Constitución Política del Perú). Puesto de otra manera, «La defensa de la persona humana y el respeto de su dignidad son el fin supremo de la sociedad y del Estado». (Título I, Capítulo I, Artículo 1 de la Constitución Política del Perú). Y todo esto ha quedado en entredicho en estos 16 meses que llevamos de pandemia.

Más aún si hablamos de la más vulnerable mayoría de nuestro país: las mujeres.

Esta pandemia no solo se ha llevado por delante la vida de decenas de miles de peruanas y peruanos, los ahorros de cientos de miles y la salud mental de, quizá, millones. Los últimos 16 meses se han llevado por delante, además, muchos de los avances en lo que concierne a los derechos de las mujeres y buena parte de la batalla por la equidad que llevamos librando desde hace más de un siglo.[1] Este retroceso, según el informe 2020 de Naciones Unidas sobre la situación de la mujer, equivale a una generación en muchos países: una generación de luchas y logros que ha desaparecido a consecuencia de la desigualdad sistémica entre hombres y mujeres, y que se agudiza en países menos favorecidos económicamente como el Perú.

Los más dramáticos efectos de la pandemia en el colectivo femenino giran en torno a dos ámbitos: la violencia de género y el trabajo (remunerado y no). En la primera órbita hablamos de un problema ya persistente en la sociedad, pero que se agravó con el confinamiento, en tanto muchas mujeres se vieron obligadas a convivir día y noche con sus agresores. En tal sentido, durante la pandemia aumentaron considerablemente las llamadas efectuadas a las líneas de atención para la violencia de género. Y no solo eso: el estudio y análisis hecho por la ONG Plan Internacional señala que tan solo en los seis primeros meses de la pandemia (marzo-agosto de 2020), «se atendieron en el país alrededor de 14,583 casos de violencia contra la mujer, según registros de los

---

1 Fue en 1911 que María Jesús Alvarado Rivera expuso el Primer Programa Feminista de la Mujer Peruana, y en 1914 se funda el primer grupo feminista de Perú, donde se levantaron consignas sufragistas y se renegaba de la tutela masculina sobre las mujeres.

Equipos Itinerantes de Urgencia (EIU)»[2], y esto sin contar las decenas de miles de situaciones que los CEM (Centros de Emergencia Mujer) han atendido en los meses de cuarentena, así como el limitado porcentaje de mujeres que denuncian la violencia sufrida, ya sea económica[3], sexual, psicológica (la más habitual) o física (la más denunciada) en el hogar.

Como podemos imaginar, entre los factores que agravan las situaciones de violencia de género encontramos las preocupaciones económicas, sanitarias y de seguridad (las más intensas en estos tiempos), las condiciones de vida limitadas (como las viviendas sin acceso a todos los servicios o en las que sus habitantes viven hacinados) y el estrés generado por las restricciones de movimiento; todos, elementos que hacen más vulnerables a las mujeres en contextos de emergencia (económica, social o sanitaria) como el actual y que exigen con urgencia la toma de medidas que los remedien, porque no incorporar las desigualdades de género en la respuesta brindada por el Estado y la sociedad profundiza aún más estas problemáticas.

El segundo ámbito es un tanto más fácil de abordar, ya que contamos con cifras y reportes que nos pueden ayudar a visualizar el alcance de la situación. Para poner esto en contexto, recordemos que durante la pandemia han sido las mujeres quienes han perdido más empleos, ya que sus ocupaciones

---

2 Fuente: https://www.planinternational.org.pe/blog/conoce-las-cifras-de-violencia-contra-las-mujeres-durante-la-pandemia.

3 Si bien este tipo de violencia contra la mujer no está considerada en el marco legal de muchos países, la ONU sí la observa como tal y la define de la siguiente manera: "Consiste en lograr o intentar conseguir la dependencia financiera de otra persona, manteniendo para ello un control total sobre sus recursos financieros, impidiéndole acceder a ellos y prohibiéndole trabajar o asistir a la escuela." (Fuente: https://www.unwomen.org/es/what-we-do/ending-violence-against-women/faqs/types-of-violence). En un contexto de violencia de género, supone controlar el acceso de una mujer a los recursos económicos, limitando su capacidad para mantenerse a sí misma (y a sus dependientes) y sus hábitos de vida con el objetivo de que terminen dependiendo financieramente del agresor y socavando con ello la posibilidades que puedan tener de escapar del abuso.

son a menudo más precarias y relacionadas, precisamente, con lo que ahora no podemos hacer: vida en común. Al otro lado del tablero tenemos el teletrabajo, ese gran salvador de empleos que quizá ha sido el cambio más significativo en la forma de laborar desde la segunda revolución industrial y en el cual también se han evidenciado grandes diferencias y desigualdades entre hombres y mujeres.

¿Y a qué se debe esta desigualdad? Principalmente, al hecho de que es sobre los hombros femeninos que recae la mayor parte del trabajo del hogar. En tal sentido, la irrupción del teletrabajo ha hecho más ajustado el nudo al cuello de la ya conocida doble carga laboral, especialmente con los/as escolares en casa hasta nuevo aviso.

Hablamos de una situación que ya era abismal en el pasado: hasta antes de la pandemia, las mujeres solían dedicar tres veces más tiempo al trabajo en el hogar que los hombres. En los 16 meses que llevamos de emergencia sanitaria, con el distanciamiento social, el cierre de las escuelas y el sistema sanitario del país desbordado, las mujeres (y niñas) han tenido que asumir la mayor parte de las tareas asistenciales y de supervivencia en los hogares. Con esta nueva realidad se han afirmado e intensificado las convenciones de género en torno al trabajo doméstico y el cuidado de los menores y adultos dependientes, lo cual ha impactado en la capacidad de muchas mujeres de asumir jornadas laborales completas e ininterrumpidas (en los casos en que el teletrabajo fuera siquiera posible). Agreguemos a ello lo que menciona ONU Mujeres al respecto: «El trabajo de cuidados no remunerado de las mujeres se reconoce desde hace tiempo como impulsor de desigualdades con relación directa con la desigualdad salarial, unos ingresos más bajos y factores estresantes de salud mental y física».[4]

4 Fuente: https://interactive.unwomen.org/multimedia/explainer/covid19/es/index.html.

Pero la pandemia no solo ha afectado con mayor intensidad la participación en el mercado laboral de las mujeres (que, recordemos, históricamente han tenido menor presencia en la fuerza productiva del país, lo cual se debe a menudo al cuidado de personas dependientes[5]), sino que también ha tenido un efecto negativo en la autonomía de la población femenina. En tal sentido, la crisis generada por la pandemia ha profundizado la problemática de algunos «nudos de desigualdad de género»[6], como la desigualdad económica y la pobreza, la división sexual del trabajo y la concentración de poder. En estos ámbitos, instituciones como CEPAL han observado un crecimiento de la población femenina en hogares pobres a raíz del aumento del desempleo en este colectivo (un incremento que supera al de la población masculina). Asimismo, las mujeres tienen una mayor brecha de acceso a los servicios financieros (y la dificultad que esto conlleva para poder enfrentar la crisis económica que sobreviene), además de trabajar en labores con mayor riesgo de contracción de la enfermedad, ya sea en el ámbito sanitario (donde más del 70 % del personal es de género femenino[7], aunque ocupen menos del 25 % de los puestos de toma de decisiones en la respuesta a la pandemia) o en sectores considerados esenciales, pero de baja calificación.

Con todo lo leído, pocas dudas quedan de que la desigualdad entre hombres y mujeres se agudiza en situaciones límite como la que venimos viviendo. La igualdad de derechos para las mujeres a menudo se encuentra en la cuerda floja, avanzando si y solo si nuestra sociedad se encuentra en medio de una relativa prosperidad. Para que

5 Fuente: Jaramillo, M. & H. Ñopo (2020). Impactos de la epidemia del coronavirus en el trabajo de las mujeres en el Perú [Documento de Investigación, 106]. Lima: GRADE.
6 Fuente: Informe especial COVID-19. La autonomía económica de las mujeres en la recuperación sostenible y con igualdad (Cepal, 2021).
7 Datos de Cepal y ONU Mujeres.

esta no siga siendo la regla, se hace necesario un cambio en la manera en que concebimos los roles de género en nuestra sociedad; especialmente en el ámbito del hogar, que ahora es también el lugar de trabajo para cada vez más personas. Asimismo, y quizá con mayor urgencia, necesitamos políticas públicas (y de recuperación) que operen desde la perspectiva de género, como un mayor énfasis en las estadísticas en torno al género por parte del INEI de manera que se puedan realizar estas políticas con información fidedigna y actualizada; una mayor consideración de parte del MIMP y MIDIS para facilitar la conciliación laboral (como ayudas en el cuidado de menores y dependientes adultos); inversiones y estímulos fiscales de parte del MEF que incluyan incentivos a proyectos con enfoque de género, además de facilidades para la reinserción de la población femenina en el mercado laboral en la nueva normalidad posCOVID. Con medidas como las mencionadas estaríamos ayudando a garantizar que en el futuro no encontremos que la igualdad efectiva de género es un elemento secundario, sino que se asuma como uno de los pilares del bienestar y la prosperidad de nuestra sociedad.

Ricardo Meinholz

Especialista financiero, editor y escritor. Ha colaborado para revistas como *SoHo Perú* y *URL. Una revista de libros*. Ha sido editor de *Beppo. Revista de ficción y de no ficción* de la Escuela de Edición de Lima. Es columnista en el Centro de Desarrollo Editorial y de Contenidos (CDEYC). Considera que la edición es el último género literario.

El Yelmo de Mambrino

A Marianna y Mauricio

NO ENCUENTRO EL LAPICERO PARA COMPLETAR MIS DATOS EN LA FICHA DE PAPEL QUE ME ENTREGA UNA SEÑORITA SERIA, PERO MUY AMABLE, QUIEN, AL CONSULTAR MI NOMBRE EN SU SMARTPHONE, SUSPIRA ALIVIADA AL COMPROBAR QUE EFECTIVAMENTE EXISTO. Estamos en una playa de Chorrillos. Es muy temprano en la mañana y el frío se cuela por las ventanas. Encuentro el lapicero por fin y empiezo a escribir. El automóvil avanza hacia un pequeño cubículo donde otra señorita, cuyo atuendo parece posnuclear, me solicita la ficha y nos indica que esperemos. Cecilia, quien conoce mis traumas, apaga el motor y sonríe en silencio. Desde el asiento del copiloto observo cómo, de un pequeño *cooler*, donde normalmente encuentras cervezas, la joven enfermera extrae un pequeño frasco. Su contenido: la vacuna Pfizer. Me invade el miedo. Odio las agujas.

¿Qué razón me trae aquí? Supongo que la misma que tuvo mamá para llevarme a la clínica cuando me tocaba la vacuna de rigor, creyéndome las indicaciones del doctor que no me dolería, falsas promesas que me persiguen todavía. La misma razón por la que aquella cariñosa viejecita, vecina de mi barrio, cumplía la orden médica —entregada también por mamá— de inyectarme cada tres días la medicina para mi alergia con una aguja que parecía un riel. La misma razón por la que soporté el hincón cuando me mordió un perro en el parque, a pesar de la certeza de un parroquiano presente quien insistía que el canino no tenía rabia, y que tampoco era su mascota, a pesar de la complicidad que saltaba a la vista. La misma razón por la que papá, ya anciano, me ingresó a la clínica por Emergencia para que me atiendan por una severa intoxicación, cortesía del pescado frito de la cena, donde el intenso dolor se confundía con el pinchazo que soportaron mis posaderas. Me siento extraño. Mi padre y mi madre ya no están, murieron hace muchos años, pero aquel miedo sigue acompañándome. O tal vez es el cansancio. Ayer estuve escribiendo hasta tarde en la noche.

El golpe de las teclas de la computadora me regresa súbitamente a mi escritorio para comprobar —tengo siempre un periódico o una revista al costado— que, a diferencia de aquellas inyecciones, de aquellos procedimientos, aún no se ha sintetizado una vacuna definitiva contra la COVID-19. Y que todos somos conscientes de ello. Esa es la diferencia y también la incertidumbre. Antes nos sentíamos seguros, gracias a los avances tecnológicos, que estábamos siempre un paso adelante ante la naturaleza. Ahora nos sabemos vulnerables. Por primera vez en mucho tiempo la ciencia no nos acompaña y, como Don Quijote, la humanidad está siendo abatida por molinos de viento. La imagen no es gratuita. Como el ingenioso hidalgo, la armadura de la ciencia y el progreso nos ha hecho creer invulnerables. Pero la pandemia nos abrió los ojos para reconocer que nunca lo hemos sido. Que aquellos molinos siguen allí y sus aspas nunca dejaron de girar. Y con cada giro mueren más personas y con ellas también algo de nuestra humanidad.

Me propongo escribir sobre mi experiencia en el confinamiento y cómo esto les afectó a mis pequeños hijos. Recordar a aquellas personas que nos dejaron. Criticar la irresponsabilidad de mis compatriotas o la incompetencia del gobierno. También lo frágil que es el espíritu humano ante la adversidad, con qué facilidad se rinde ante la barbarie. No encuentro las palabras. Me siento frustrado. Levanto la taza de café y compruebo por enésima vez que está vacía.

Entonces, de manera mecánica, tomo algunos libros a mi alcance —costumbre que ejerzo ante la página en blanco— de la pequeña estantería donde tengo los más queridos y que sirve también para sostener esta vieja lámpara que me alumbra y calienta a la vez. Y mientras hojeo al azar la solitaria lucha de Santiago contra los tiburones, la muerte lenta de Artemio Cruz, las radionovelas de Pedro Camacho o las aventuras del hombre de La Mancha comprendo que, aunque la coraza de nuestra armadura no es invulnerable, el yelmo de Mambrino que nos protege la cabeza sí lo es. ¿Cómo este casco de caballería que apenas la cubre —una gran bacía o recipiente de barbero en el caso de Don Quijote— puede protegernos como el resto de la coraza?

Es justamente por eso. Al no cubrirla por completo somos más conscientes de nuestra vulnerabilidad. Del cuidado constante que debemos tener de nuestro entorno, de nuestros enemigos. Su condición farsesca —entre la fantasía y la realidad— contribuyó sin duda a que el caballero de la triste figura recobre la cordura y recuerde que es Alonso Quijano.

La realidad, o lo que percibimos de ella, nació, encontró un sentido, ciertamente, a partir del descubrimiento del lenguaje —primitivo al inicio, de una gran complejidad conceptual y estilística al final— que permitió a los primeros hombres y mujeres darle forma, perfil a sus miedos para posteriormente intentar vencerlos. ¿Acaso no ha sido así siempre? Porque entre otras cosas la ficción —la literatura que es también lenguaje— le mostró al hombre que el mundo está mal hecho y le inyectó, como las mejores vacunas, los anticuerpos necesarios para no aceptarlo, para intentar cambiarlo, insatisfacción que ha sido y es todavía el motor del progreso humano.

Y aunque muchas veces estamos ciegos cuando el yelmo nos cubre los ojos —nunca olvidemos que trabajando por la justicia también se cuajan las futuras injusticias— siempre en el último minuto recobramos la razón y logramos acomodarlo para, lanza en ristre, volver a la batalla. Me froto los ojos nuevamente, dejo a un lado los libros y vuelvo a teclear.

En cada época la humanidad debe batallar contra la naturaleza cuando nos envía alguna enfermedad. Parece hacerlo para recordarnos lo pequeños que somos frente a ella: viruela, gripe, difteria, tuberculosis. Ahora es la COVID-19. Gracias a la inteligencia alimentada por la fantasía —la ficción— persistimos en el reto, siempre cambiante, de someter a la enfermedad para prolongar la vida. Es el débil intento del hombre de vencer a la muerte —o al menos de burlarla— desde que con el descubrimiento del lenguaje empezamos a exorcizar nuestros demonios.

Dejo de escuchar el golpe de las teclas y siento ahora el frío del alcohol sobre mi hombro derecho. Entonces imagino a mamá y a papá sonriéndome desde el asiento de atrás, seguros que su sola compañía me dará confianza, como en los viejos tiempos. Y lo logran.

Bueno, señorita enfermera, que venga ese pinchazo.

Es escritor de crónicas urbanas, reportero de televisión y fotógrafo con énfasis en el retrato. Nació en Bellavista, Callao, en 1967 y vive en Lima. Es autor del libro *El Pintor de Lavoes y otras crónicas* así como de un par de volúmenes dedicados a la fotografía (*Murrup, último pueblo Mochica* y *Qeswachaka, tejiendo puentes*). Trabajó en los principales suplementos dominicales y revistas de la capital y en 2001 ingresa a la televisión, en donde ha trabajado en los programas de reportajes más sintonizados.

Crematorio general

A Miguel Gonzales le gusta decir que la muerte lo persigue, pero es su socia en realidad. El día que metió los primeros novecientos cadáveres en tres contenedores y tuvo que poner a trabajar al mismo tiempo y sin descanso seis hornos para incinerar todos esos cuerpos y los que iban apareciendo durante la primera ola de la pandemia, supo que se había preparado toda la vida para este urgente servicio a la sociedad.

«¿900 muertos en contenedores?», me sorprendo al tiempo que observo las enormes cajas equipadas con refrigeración propia. Dice que tardó cinco meses en convertir a dichos difuntos en cenizas. Y tuvo que etiquetar los cuerpos y escribir sus nombres en sus brazos con plumón para que no se confundieran en el afán de apilarlos o buscarlos entre cerros de cadáveres cuando algún familiar venía por lo que quedaba de su padre, tío o hermano.

«Por la misma situación de emergencia, los hospitales te entregaban a veces un muerto que no era el tuyo. Vino la fiebre del deudo. La gente quería asegurarse de que no le hubiesen cambiado a su difunto», recuerda sentado en una oficina instalada a la intemperie. Eso, añade, implicaba seis horas de trabajo moviendo cuerpos en caso el requerido fuera ubicado en la base del montón. Y eso ocurría varias veces por semana.

Antes de la pandemia le bastaban dos hornos para cumplir con su trabajo. Ahora este emprendedor con estampa de Armando Manzanero vislumbra un futuro promisorio en la industria de la cremación profesional. La muerte para él implica un servicio esmerado y atender a personas que pasan un momento de dolor pero, si dejamos eso de lado, la parca tiene también para Miguel Gonzales León la cara risueña de una alcancía de chanchito.

«El éxito no es de hoy, es de mucho antes, pero ahora se aceleró 20 veces por la pandemia», sentencia quien desde la llegada del virus ha reducido a cenizas más de 18,726 cuerpos que alguna vez caminaron sobre la tierra.

Siempre que ha querido apartarse de este negocio, algo lo toma del hombro y no le permite huir. Quiso abrirse a otras aventuras empresariales, luchó por ser cantante internacional, pero su destreza y fama en los asuntos fúnebres lo marcaron desde joven y no lo sueltan.

Gonzales se mueve en un gran auto negro de lujo pero a la vez tiene la sencillez de un empleado más de la empresa. Es dueño y administrador del mayor crematorio del país, Piedrángel, un embudo con el pico al cielo en medio de los vastos jardines del cementerio de la policía.

Si no fuera por el hedor a manteca que emana de allí, como una vaharada de fantasmas huyendo del infierno, el crematorio pasaría tranquilamente por las oficinas traseras de la enorme capilla del camposanto. Los incineradores fueron montados detrás del edificio católico para que los deudos pudieran despedirse del occiso junto al altar de la iglesia antes de ser reducido a polvo. Luego del servicio religioso una faja transportadora como las de los cajeros del supermercado apresuraba el ataúd a un pequeño túnel que lo ponía en manos de los trabajadores del crematorio. Culminadas hasta un par de horas (treinta minutos en el caso de un niño) la acción de las llamas alimentadas a gas y una máquina moledora de huesos comprimían al ser querido a un recuerdo portátil y económico.

Debido a la pandemia fue suspendido este acto público de desaparición. Los cuerpos asfixiados por la COVID-19 ahora llegan en ataúdes alquilados y embolsados. Como manda el protocolo sanitario, deben quemarse con sus estuches puestos. Los quemadores gastan el equivalente a un balón casero de gas por cada individuo. A veces un marcapasos no reportado estalla con el sonido de un balazo, pero por lo general los cuerpos se desintegran sin problemas al cabo de una hora, o dos si se trata de un obeso mórbido. Pero ese olor a trastienda de restaurante parrillero no desaparece ni cuando una de sus ayudantes me trae una taza de café coronado por un fantasmita de vapor.

Café de Chanchamayo, me informa. Espectacular, le respondo observando esa infusión de semillas tostadas.

Para operar en este campo de la institución benemérita la empresa paga un derecho que incluye el servicio gratuito a la familia policial. Pero, si algo aprendió Miguel en esta pandemia es que no hay que temerle a los muertos sino a los familiares de los muertos. Se refiere a las personas quizá infectadas pero asintomáticas que llegan detrás de las carrozas de los seres queridos para comprobar que sus cuerpos están ingresando al horno en regla, que no les han cambiado el muerto ni los están quemando de dos en dos como hacía un angurriento crematorio de Barrios Altos que fue clausurado por cometer ese promiscuo entrevero.

Hasta un 70 % de los horneros y el personal funerario de Piedrángel se contagió de COVID-19 durante la primera ola. Felizmente ninguno enfermó de gravedad. Fue el precio de lidiar con una pandemia a la que nadie sabía cómo enfrentarse y que obligó a Miguel y a sus hermanos a recoger los primeros muertos que sembraron pánico en edificios de clases acomodadas y luego en las calles y hogares de todos los barrios de Lima.

Cuando la peste se desató, sus hombres cubiertos con mamelucos protagonizaron los más audaces reportajes de televisión puesto que se metían a viviendas y morideros para extraer los cadáveres, embolsarlos y darles una higiénica cremación. Tamaño nivel de eficacia solo pudo ser alcanzada por personas como Miguel y sus hermanos, que habían nacido entre difuntos, en el único lugar de Lima donde se juntan dos de los cementerios más monumentales del país.

Por eso, esta historia comienza en realidad cuando un hombre joven llamado Lázaro, su padre, aprende a esculpir figuras de mármol en una empresa de lápidas hoy extinta. Este hombre, que morirá dejando a su familia en la ruina, decidió abrir su propia marmolería y entrenó a sus hijos como ayudantes, entre ellos a su hijo menor.

Fue entonces que, a los ocho años de edad, Miguel empezó a ver gente muerta. No me refiero a los fantasmas de la película *Sexto Sentido* de M. Night Shyamalan, sino a los finados que veía llegar en hombros o carrozas al cementerio Presbítero Maestro, donde él limpiaba lápidas y tumbas para ganarse sus primeras monedas hasta que tuviera la habilidad para picar el mármol. Miguel Ángel Gonzáles nació en un hogar pegado a la pared del viejo camposanto donde yacen los huesos de héroes de la Patria y aristócratas opulentos, así como gente del montón. Por cuatro soles el pequeño Miguel pasaba a un trapo a los nichos y cambiaba el agua de las flores.

Lázaro alquilaba una casa en un callejón rajado de nombre Quinto Patio cuyos servicios comunitarios incluían un caño y un silo que compartía un centenar de inquilinos que trataban de llevarse bien. A Miguel no le molestaba tanto que cada mañana la familia tuviera que formar largas colas para bañarse o para vaciar al silo común los baldes llenos de miserias humanas. Lo entristecía que en Navidad nunca hubiera en casa regalos ni comida de fiesta como en todos los hogares. «Una vez fuimos a Sisicaya a pasar Navidad con mi abuelo. Nunca me voy a olvidar que solo cenamos pan con mantequilla».

Sisicaya, en la sierra de Lima, era el lugar de origen de su madre que visitaban cuando la situación económica se ponía dura. Era un pueblo pobre pero al menos no faltaba una gallina colorada que guisar ni frutas en los árboles. En la actualidad Miguel y sus hermanos son propietarios del Country Club Sisicaya, un vergel adornado por una piscina gigante y una hermosa casa de campo, además de un proyecto en construcción que revelaremos al final. El pequeño Miguel era capaz de conciliar un sueño de oso cuando otros infantes se hubieran orinado en la cama con las historias de aparecidos que rodean a los cementerios. Jamás le jalaron las patas ni vio espectros en las penumbras. La muerte más bien le permitía comer y le dejaba propinas. Su hermano mayor, en cambio, desarrolló el alarmante don de ver duendes entre las plantas.

Al menos eso decía bañado en lágrimas cuando visitaban Sisicaya.

Lázaro Gonzáles era un padre pegado a las tradiciones. Bautizó con su nombre a sus tres primeros vástagos, de tal manera que por las mañanas los depertaba con las palabras bíblicas de Lázaro, levántate. Si Miguel se salvó de ese nombre con olor a difunto fue porque su madre se adelantó a registrarlo como Miguel Ángel.

Lázaro también era cantante de valses y huaynos pero sobre todo quería ser buen padre. Levantaba a sus hijos a las tres de la madrugada para llevarlos hasta el puente Santa Rosa, sobre el río Rímac, en cuyos cimientos los drogadictos yacían entregados al vicio. «Eso pasa cuando pruebas la droga», les advertía. Esa cura de loco debió funcionar bien porque ninguno de ellos se sintió tentado a pesar de haber crecido en uno de los epicentros de la venta y consumo.

Cuando Lázaro murió por un cáncer que se lo llevó en tres meses, los hermanos mayores tuvieron que abandonar los estudios y dedicarse a sobrevivir. Miguel tenía apenas 18 años y ya soñaba con hacerse cantante. Mientras se secaban las lágrimas juraron que ellos, los gallinazos, no volverían a la pobreza ni repetirían la vida poco ambiciosa del padre.

Por entonces los Gonzales eran conocidos en el Quinto Patio como 'Los Gallinazos'. El apodo vino no solo porque su supervivencia dependía del índice de defunciones en Lima sino porque su padre Lázaro cantaba un huaynito llamado *El Gallinazo* que lo hizo popular. Dicho sobrenombre murió cuando se mudaron del lugar y el callejón fue destruido para dar paso a las columnas del tren eléctrico.

Miguel no cree en fantasmas, pero hace un año, cuando la pandemia arreciaba, tuvo una experiencia extraña. Era de noche y estaba revisando unos documentos en su oficina instalada junto al crematorio, cuando notó con el rabillo del ojo que una figura humana se movía en la habitación vecina. Era innegable, era real y no podía atribuirse al cansancio. Hacía una hora se habían ido todos los trabajadores y estaba solo. A sus 45 años de edad y más de 35 trabajando con difuntos, Miguel sintió frío y miedo. «Tienes que ser cauto. Dejar tus cosas y salir», me dice el hombre escéptico y duro que debe reconocer que hay asuntos en lo que es mejor no hacerse el audaz.

Por eso Miguel solamente contrata a gente de sangre fría en su crematorio. Si quieren obtener el empleo, los postulantes deben pasar una jornada entera ayudando a incinerar cadáveres. Solo quienes cargaron los cuerpos helados y vieron las escenas de desgarro de los deudos sin alterarse, pasan la prueba. Pero hasta esos jóvenes fornidos y resueltos, la mayoría migrantes venezolanos, han sido testigos de situaciones inexplicables. De hecho, los hornos para cadáveres suenan y crepitan al enfriarse como a veces lo hace un televisor o un auto recién apagado. Pero el repertorio de sucesos extraños que aquí pasan incluye golpes de puerta, caños que se abren y murmuraciones de gente invisible. «Una cosa es oír el sonido del metal al enfriarse pero otra que te toquen la puerta». Miguel golpea el escritorio con los nudillos varias veces para dejar en claro que no hay duda en sus afirmaciones.

Somos seres sugestionables después de todo. Un hornero que trabajó aquí antes de la pandemia me contó que jamás pasó por una situación fantasmagórica de esas, salvo la noche en que sus compañeros le dijeron que preste atención a un sonido en medio de la negra paz del lugar. Entonces luego de un momento de silencio escuchó con nitidez a un niño llamando a su madre. Una camilla metálica tintineó y todo quedó otra vez en perfecta quietud. Una explicación es que los ruidos lejanos de la ciudad reverberan en los cementerios y crean efectos sonoros siniestros. Por si las moscas, algunos horneros han desarrollado rituales rápidos de santiguación para no llevarse adheridos los espíritus a casa. También usan sortijas de acero o de plata para neutralizar malas energías, pero Miguel recuerda que el caso más notorio de sugestión fue el del vigilante apodado Planchita, que todas las noches discutía con los espíritus porque afirmaba que no lo dejaban tranquilo.

Ese señor tuvo que irse cuando llegó la pandemia debido a su edad avanzada y a las enfermedades crónicas que padecía, pero los vigilantes del cementerio hasta ahora recuerdan sus gritos e insultos al aire como si lo atormentaran personas de carne y hueso. Ese 'uon' está loco, le decían a Miguel al día siguiente. Pero Planchita aseguraba que no lo dejaban dormir, que le abrían las puertas y que incluso estaban empezando a conversarle. Pero él nunca los dejó entablar ninguna comunicación. «Y no era esquizofrénico», me asegura.

Habíamos llegado antes de las siete de la mañana al cementerio Santa Rosa para poder conversar con tranquilidad. Pero ya eran más de las ocho y en el crematorio los venezolanos se han colocado los mamelucos y aguardan la llegada rutinaria de carrozas con cadáveres salidos de los hospitales o cualquier zona caliente de la ciudad. Fue entonces que Miguel me dijo que estaba seguro que la muerte lo perseguía.

La primera vez que trató de alejarse de sus cachuelos funerarios era bastante joven. Estaba cansado de lijar mármoles y verse como un fantasma bajo una garúa de polvo blanco. El negocio familiar pagaba los estudios de sus hermanos mayores, pero él quería volar con alas propias, verse como un joven normal y no como una estatua de cemento que podía asustar a las chicas de Barrios Altos.

Quería pero no pudo. Era todavía un adolescente cuando apareció en la marmolería un enviado de su socia la muerte. Se trataba de un mayor de la policía nacional interesado en la fabricación e instalación de mausoleos para un nuevo camposanto. En un rapto de entusiasmo, el oficial los llevó a él y a sus hermanos al terreno que habría de ser el cementerio Santa Rosa en Chorrillos, el más grande de la institución. El mismo donde hoy opera su crematorio.

Recuerda que acudió al futuro osario cuando este era un inmenso desierto y él un joven empolvado hasta las orejas. El oficial quería consejos e ideas para diseñar y embellecer el lugar. Ese sería el inicio de una relación comercial que empujó su carrera a nuevas esferas. En resumen la muerte, que lo había contemplado crecer desde niño, ahora quería verlo prosperar. De salto en salto llegó a ser administrador de cementerios y fundó el crematorio como emprendimiento familiar cuando el servicio aun parecía una alternativa siniestra y totalmente impía: un recordatorio de las llamas del averno.

Pero él siempre pensó que no hay nada más limpio que la incineración. Y que los gallinazos y los buitres en general cumplen una misión que de a pocos está siendo valorada. Su empresa no fue la primera en el novedoso nicho pero sí la que llegó más lejos gracias a un industrioso estilo de tercerización en la que él y sus hermanos asumían el trabajo de las funerarias con tal de que estas le dejasen todos los difuntos posibles a la voracidad de sus hornos. «A 1,000 grados no sobrevive ningún virus o bacteria», señala Miguel. «Por eso cremar es mejor en pandemia que sepultar. Esta empresa no es un foco de contagio. Sabes qué es un foco de contagió? Las personas vivas son un foco de contagio». Lo dice porque hace unos meses un séquito de desinformadas autoridades municipales intervino sus oficinas principales ubicadas en Santoyo, El Agustino, esperando hallar una morgue y hornos en funcionamiento. Por supuesto que no encontraron nada. Pero eso revelaba cuanta ignorancia impera en el tema de las cremaciones. Incluso hasta hoy los vecinos de dicho local corporativo ponen sacos de arena frente a sus puertas para que sus carrozas se estacionen en otro lugar, para que los asteriscos verdes no salten dentro de sus hogares.

—A Santoyo jamás llevamos cadáveres —se enoja— Ni siquiera existe una chimenea en ese edificio.

Mi taza de café está vacía y le pregunto si puedo tomar otra.

—Claro.

—No tiene ningún truco, ¿no?

—El truco es la ceniza, responde y nos reímos.

El 2019 estaba por abandonar una vez más los asuntos fúnebres y dedicarse exclusivamente al rubro de los acabados de casas y a la administración del mencionado Country Club Sisicaya, cuando aparecieron las noticias de que un virus chino andaba matando a miles por el mundo.

Ya antes había querido dejar todo para ser cantante. Incluso cantó en escenarios fuera del país. Pero cada vez que concluía un concierto y se ponía a conversar con el público, estos se enteraban de su negocio y le pedían tarjetas con miras a un futuro servicio funerario con descuento.

Como no tenía el dinero para invertir en una carrera de baladista, tuvo que volver al negocio de la muerte. El ruiseñor no podía con el gallinazo. Cuando finalmente la pandemia aterrizó en Lima en medio del pánico y la ineptitud gubernamental, Miguel Gonzales —como ya dijimos— se había preparado toda su vida para este enorme reto.

Al inicio él mismo quiso echarse para atrás. Ninguna empresa funeraria ni crematorio quería asumir el compromiso de recoger todos los cadáveres que empezaron a brotar en Lima, pero su hermano Edgar vio todo eso que llegaba como un enorme salto empresarial. Aceptaron firmar un contrato de emergencia con el gobierno para hacerse cargo de los primeros cien caídos. El pago acordado fue de 2,000 soles por cada servicio.

Adquirieron seis cámaras frigoríficas tipo container y ensamblaron tres hornos más, seis en total. Los avisos de que se venía una catástrofe sanitaria se materializaron en una avalancha de solicitudes de cremación que pudieron manejar gracias a las recomendaciones tempranas que les dio el Estado, el cliente más poderoso que alguna vez imaginaron tener.

Por eso cuando sus contenedores llegaron a almacenar novecientos muertos, él y sus tres hermanos ya tenían como costumbre trabajar en equipo: Lázaro Roberto Gonzales León en la adminitración y coordinación general, Edgar Lázaro Gonzales León en el recojo de cuerpos, Lázaro Henry Gonzales León en el área legal y Miguel Angel Gonzales León siempre a la cabeza del crematorio.

A pesar que quemaban cuerpos con prisa de fábrica taiwanesa los cadáveres seguían llegando y tuvieron casi 1,000 muertos en cola por cerca de un año. «Lo que quería el gobierno era que la calle no se llenara de cadáveres. Llegamos a ser 200 personas trabajando al mismo tiempo. Hasta un setenta por ciento eran venezolanos». Nadie deseaba que Lima se convirtiera en otra Guayaquil, la ciudad ecuatoriana donde la gente moría sofocada en las calles como en un terrible escenario apocalíptico. O al menos eso llegaba por las noticias.

Como no estaban diseñados para trabajar las 24 horas, los hornos empezaron a mostrar signos de agotamiento. Y los pocos técnicos de reparaciones empezaron a cobrar lo que les daba la gana. No quedó más solución que contratarlos a todos ellos. Piedrángel se volvió una máquina incineradora y trituradora. La manga de humo se fundía con el techo de neblina limeño: una industria de alta demanda que era el lado opuesto a la recesión en que se hundía el país semiparalizado. Apenas concluyó el acuerdo de emergencia Piedrángel concursó para obtener nuevos contratos.

Ahora, a mitad del 2021, cuando la segunda ola empieza a recular, el crematorio respira cierta paz. Y es que el gobierno dejó a cada familia la libertad de elegir entre una cremación y un entierro para su difunto. Pero todavía llegan en posición horizontal muchos individuos que se creían inmunes al bicho. Aun así, las cosas ya no serán como antes de la pandemia.

Si hasta el 2019 solo el 30 % de los peruanos optaba por la cremación, hoy la cifra se ha elevado a 60 % y seguirá subiendo. Y no es porque ya no exista espacio en los cementerios sino porque cremar resulta más económico que el nicho más barato.

—Quiero cambiar el chip de la gente —vislumbra extasiado en sus visiones con un gesto a lo Manzanero.

—Ha incinerado usted casi 19 mil cadáveres —le digo— A dos mil soles por difunto esto suma prácticamente 38 millones de soles en plena pandemia.

—Sí, algo así, pero no es solo el servicio de cremación. Incluye recojo de casa u hospital, fumigación del hogar, urna cineraria, y otros pagos. O sea, un servicio integral.

—Señor, ¿qué va a hacer con tanta plata?

La respuesta está en la sierra de Lima. En la chacra de

Sisicaya donde vivió los días más dulces de su niñez junto a sus hermanos y algunos duendes: el fundo Piedrángel, el mismo nombre que lleva su funeraria.

El gran proyecto en construcción de Miguel Gonzales y hermanos es la apertura del mejor y más moderno complejo de cremaciones del mundo, asegura. El mismo que será, además, el primer camposanto para urnas en el Perú: un cementerio cinerario ideal para esas personas que no quieren guardar en casa las cenizas del ser amado y prefieren pagar un precio mínimo por un pequeño espacio de descanso eterno en un paraje hermoso.

Son 40 hectáreas ubicadas frente al Country Club Sisicaya (también propiedad suya como ya se dijo) destinadas para este cementerio colosal, un negocio redondo. Los clientes podrán visitar los restos de su muertito en medio de un clima campestre, y luego alojarse en el centro recreacional vecino para olvidarse de los problemas y gozar de la vida mientras se da un chapuzón en la más grande piscina de la zona.

—Ya este negocio nunca lo va a dejar —le advierto.

—Yo creo que no —reafirma.

No hasta que la muerte lo recoja y el fuego convierta su cuerpo en polvo, como es su más agradecido deseo.

Sofía Rodríguez

Es una apasionada del lenguaje y de la buena vida. Estudió Lingüística en la Universidad de San Marcos y concluyó una maestría en Educación. Es pionera en el Perú en la enseñanza de corrección, que inició en el 2000 en una universidad limeña. En 2010 cofundó la Asociación de Correctores de Textos del Perú. Su experiencia profesional se centra en las publicaciones y en torno a la escritura: es correctora y editora independiente. Actualmente, ofrece cursos en instituciones públicas y privadas, corrige, edita y coordina equipos editoriales por encargo.

Mil palabras

No trabajé cuatro meses. Al principio de la pandemia fue fácil pasar las tardes viendo videos e intentando escribir. Me propuse que lo tomaría como unas vacaciones o como un tiempo para mí. Me puse a tejer, pero a medida que avanzaba le encontraba cada vez más placer a destejer y a comenzar nuevamente. Durante el encierro, el tiempo era eterno, sin trabajar y sin facturar. Me dediqué a comprar y a pagar, a gastar las reservas y, después, a endeudarme sin culpa. Resiliencia (*capacidad de adaptación de un ser vivo frente a un agente perturbador o un estado o situación adversos*).

Desde 2013, esporádicamente, he participado en proyectos que implicaran desplazarme a una oficina y, prácticamente, ninguno ha durado más de unos cuantos meses; por ello sobrellevé más o menos bien las primeras dos semanas de confinamiento. En estos años, he trabajado sola, en mi casa, con una taza de café, de día o de noche, sin peinarme. Esa era mi normalidad. No es que sea una solitaria; al contrario, disfruto mucho la compañía de mi entorno cercano y de mis amigos; quizá por esa razón la labor editorial es mi vida. En este trabajo, los equipos son familias, son clanes cuyas afinidades y desavenencias se juntan por un fin común; son pasiones y personalidades disímiles en busca de un producto perfecto.

Mi burbuja

Vivir como hemos vivido mi familia y yo todo este tiempo ha sido un lujo: no solo porque nos rodean miles de árboles y el mar nos dice cada día acá estoy, sino porque no hemos tenido que hacer cola en el Banco de la Nación para recibir un bono.

Un día de esos, en plena cuarentena, cuando el ánimo no me alcanzaba para cambiarme la pijama (en el Perú se prefiere el femenino, *la pijama*), una noticia me tiró contra la pared: el 2020, el 70 % de la población peruana trabajaba en sectores informales; por eso, el virus se expandió de tal forma, porque mucha gente tenía que salir a vender cualquier cosa para sobrevivir.

Empecé a desesperarme. Aquellos días de encierro, nuevamente una noticia me partió el alma y enfocó mis pensamientos en mis padres y en los padres de mis amigos, que dejaron los Andes para no volver, para emprender desde cero en el monstruo que es esta ciudad. Otros no lo lograron por la pandemia. Desprotegidos, miles de mujeres y hombres empezaron a caminar cientos de kilómetros para volver al pueblo que dejaron años atrás porque se quedaron sin trabajo en Lima. Empatía (*identificación con algo o con alguien*).

Los días pasaban y mi percepción cambiaba. Me vi a mí misma como una afortunada porque trabajo en lo que me gusta y porque no he tenido que reinventarme para seguir viviendo. Eso porque el hombre con quien desayuno cada día, mi padre, me educó para valerme por mí misma. Gracias, le dije un día, porque la suspensión perfecta no es una amenaza para mí (*la suspensión perfecta de labores implica suspender temporalmente los contratos de trabajo; el empleador no tiene obligación de pagar remuneraciones y el trabajador no está obligado a prestar servicios).*

Corregir en pandemia

La edición y la corrección de textos implican conocimientos, técnicas, pero también un método de trabajo cuyo ingrediente principal es la meticulosidad; y la paciencia, un factor importante. Cuando repuntó el trabajo, a principios de junio de 2020, supe que pasaría muchísimo tiempo para volver a la normalidad. ¿Pero a qué normalidad?

Empezaron las reuniones por Zoom y la entrega de productos se hacía mediante una mesa virtual. Todo eso nuevo —y tan raro— fue impactante. Tuve que entrenar para trabajar con un ojo atento a la pantalla y otro en el cronómetro para vigilar la hornilla. Para entonces me conformaba con ver los árboles desde mi ventana. En casa seguíamos pidiendo los víveres cada semana y, como muchos, pasábamos horas desinfectando frutas y verduras.

Además de corregir documentos y materiales educativos, tuve la fortuna de editar dos libros maravillosos que me devolvieron a la vida. El trabajo implicaba coordinar con más de 100 personas en el primero y con 60, en el segundo. Nunca había escrito tantos correos electrónicos en tan poco tiempo. Los autores provenían de todo el mundo y la diferencia horaria impedía la comunicación; fue entonces cuando descubrí que el correo electrónico no era lo que necesitaba. Por primera vez usé WhatsApp para el trabajo editorial y cómo me sirvió. Obtuve respuestas de Chile, Colombia, Irán, Kazajistán, pero lo que más me alegró fue que un científico de la India leyera mi mensaje y resolviera mi duda. Algo bueno me quedó del virus, aunque no volví a dictar clases, como muchos. Hoy, pasados más de 18 meses, mi balance es que la virtualidad no me alcanza para interactuar con mis alumnos. Me cuesta todavía hablarle a una pantalla, pero la vida sigue y yo sigo adecuándome, como todos. No ha sido fácil llegar a este punto.

Los adioses que no dijimos

La ciencia ha evolucionado a un ritmo incomparable en estos últimos meses y la humanidad ha estado pendiente de la investigación en el campo de la salud, tan preciada hoy. El lenguaje, tan inquieto siempre, ha cambiado también. Con la pandemia llegaron términos y conceptos nuevos —*distanciamiento, asintomático, comorbilidad*—, a los que ya nos hemos acostumbrado. Aprendimos a vivir con mascarillas y con las palabras que fueron apareciendo.

El lenguaje es tan rico y, sin embargo, muchas veces he pensado que las palabras no alcanzan para describir cómo se siente no decir adiós a un amigo, a un pariente. Duele pensar que se fueron sin que alguien tomara su mano y dijera que todo está bien.

Además de no poder (*querer*) salir y del miedo al contagio, el virus nos arrancó la sonrisa, aunque nos dejó en casa para querer más a los nuestros; se llevó mucho de nosotros, aunque nos hizo valorar lo que tenemos. Al menos así es como quiero verlo ahora. No quiero pensar cómo será después.

Es licenciado en literatura por la Universidad Católica del Perú y doctor en literatura por la Universidad de Emory, Atlanta. Es autor del libro de crítica literaria *La narrativa totalizadora de José María Arguedas, Julio Ramón Ribeyro y Mario Vargas Llosa* (2001), de los libros de cuentos *Dobleces* (2000), *El sentido de los Límites* (2006) y *¡Están quemando el silencio!* (2011). Su más reciente publicación es un libro de ensayos libres de título *31 rupturas con lo cotidiano* (2015). En 1985 obtuvo el premio *El cuento de las 1,000 palabras*, de *Caretas*, y en 1996 ganó el premio nacional Copé de cuento. Sus textos de crítica literaria y narrativa han aparecido en diversas revistas de literatura y antologías del Perú y el extranjero.

En las calles casi desiertas

En las calles desiertas y silenciosas debido a la cuarentena de la covid-19, las voces de quienes ocasionalmente circulaban por allí resonaban con un eco más fuerte que el usual e ingresaban subrepticiamente a las casas que tenían las ventanas abiertas. Así ingresaron a mi estudio que daba a la calle y se quedaron remolineando dentro de este y de mis sesos durante los largos meses de la pandemia, dando origen al testimonio que ofrezco en este corto relato.

Eran las voces de dos trabajadoras municipales que barrían las calles y las avenidas de mi barrio que yo escuchaba muy temprano todas las mañanas. Sin embargo, sus voces llegaban deshilachadas a mis oídos, cuando no confusas, debido sobre todo al siseo de sus escobas, que evocaba el ruido de fondo que hacen los viejos proyectores de cintas de celuloide. Aun así, la voz de una de esas mujeres poseía mayor claridad que la voz de la otra, que era apagada y por momentos casi inaudible, por lo que para saber lo que esta decía debía interpretarlo a partir de las preguntas y los comentarios que le hacía su amiga. Como en un teatro de sombras, en que el espectador deduce la trama de una historia a partir de los gestos de los personajes mudos proyectados en una tela traslúcida, así deducía yo la trama de la existencia de la mujer de la voz apagada en la tela traslúcida que le prestaba la voz de su compañera. Encima de todo, conforme se alejaban por la calle frente a mi casa, el silencio absorbente de la avenida arbolada debilitaba la de por sí mala señal sonora, hasta que esta desaparecía del todo, dejándome en ascuas sobre el final de sus historias. A veces perdía el hilo de estas justo en el momento más interesante, en el punto próximo al clímax del relato, lo cual no solo era motivo de frustración para mí, sino que me obligaba a suplir el material faltante con materiales extraídos de mi propia imaginación, con las desventajas del caso.

Lo que esas mujeres se contaban entre sí formaba parte de una realidad muy distinta a la mía, no solo por sus temas, sino también por su atmósfera, su voz narrativa, su *pathos* y su punto de vista. Aun así, había días en que sus narraciones me parecían más interesantes que los relatos que yo escribía, por lo que se me dio por copiarlos en un cuaderno de notas con la idea de escribir más adelante un cuento digno de publicación. Tanto me interesaron las historias que contaban esas mujeres, y con tanta expectativa las esperaba cada mañana, que fui sumando páginas en mis cuadernos de notas hasta que, al cabo de unos meses había reunido material suficiente como para escribir, ya no un cuento, sino una novela corta que llevaría por título: *Dos mujeres*. Incluso hubo un momento en que llegué a pensar que ellas se habían enterado de mi secreta actividad de copista y por eso rellenaban sus historias con detalles pintorescos, a veces inverosímiles, disparatados o decididamente absurdos, no sé si a propósito, para desorientarme. Desde luego que no era sí; yo imaginaba más de la cuenta para darle a esas historias mayor dramatismo y suspenso del que tenían, tanto que a veces ya no sabía qué material era de ellas y qué material era mío. Naturalmente, sabía más de la vida de la mujer de la voz diáfana que de la vida de la otra mujer; aunque era la historia de esta segunda mujer la que a mi modo de ver prometía más desde un punto de vista literario. Y no solo porque se trataba de un material que por su vaguedad y sus claroscuros resultaba más singular, sino también porque me daba ilusión escribir una historia que, sin ser mía, se asemejaba de una manera profunda con las mías, más que por sus temas, por sus formas narrativas oblicuas, por sus elipsis, por lo no dicho. Por el contrario, la historia de la primera mujer era una sucesión de anécdotas bastante convencionales que no solo eran poco interesantes desde un punto de vista literario, sino que también eran del todo ajenas a mis intereses. En la historia de la mujer de la voz apagada, por el contrario, presentía unas oscuras corrientes subterráneas que fluían a través de su corazón y sus sesos y que de manera indiscernible se juntaban con mis propias oscuras corrientes subterráneas en las páginas de mis cuadernos de notas. Cómo me atraía entrelazar esos materiales ajenos con materiales propios, como si nuestras respectivas vidas estuvieran destinadas a confluir en algún momento en el texto que escribía. Recelos, anhelos, sueños, percepciones y temores míos eran muy parecidos a los de esa mujer muy diferente a mí en muchos otros aspectos. Ella, como yo, también tenía un problema de comunicación con los otros, de desazón, dudas, inseguridades, etc., aunque la intensidad y hondura de sus sentimientos fueran difíciles o imposibles medir para mí. El mío era, pues, un texto escrito al alimón con una desconocida, cuyos destinos poco a poco se iban entretejiendo en una historia común e improbable antes de la pandemia. Texto que, considerado en su conjunto, resultó ser tan caótico y delirante que, en la práctica, según sentenció mi editor, era impublicable.

Lima, 1971. Estudió en la Facultad de Letras y Ciencias Humanas de la PUCP y es egresado de la Maestría en Filosofía con mención en Epistemología de la UNMSM. En 1999, publicó la colección de relatos *Tres heridas nocturnas* y en 2011, la novela *Monólogo en blancohumo*. Dedicado de modo independiente a la edición de textos, prepara su próximo libro, un largo ensayo dedicado a la cultura tecnológica.

Porque lo nuestro es tropezar

TUVE CLARO DESDE MIS PRIMEROS AMANECERES DEL CONFINAMIENTO QUE TODOS LOS HABITANTES DEL PRESENTE ASISTÍAMOS A UN MOMENTO HISTÓRICO: EL PLANETA EN CAMINO DE SER CONTAMINADO ENTERO POR UN VIRUS ALEATORIAMENTE MORTAL DE NOMBRE OBVIO: CORONAVIRUS (QUE LUEGO MUTÓ AL MÁS CRÍPTICO, BISILÁBICO Y ALFANUMÉRICO COVID-19).

Sin embargo, esa manifestación del literal aliento de nuestro paso sobre la Tierra, con los meses (todo es asunto de aerosol dicen), se encaminó a ser pura y dura cotidianeidad. La lección que quedó fue que no es lo mismo leer la Historia que ser su protagonista.

Quiero decir, imagino más exaltado mi ánimo y estimulada mi imaginación leyendo en una publicación —de la editorial Salvat, por ejemplo— el volumen de su serie *Crónica del siglo XXI* correspondiente a los remotos años 2020, 2021 y 2022, el periodo central de la primera pandemia global de la nueva centuria. Pero no; me tocó el reiterado y previsible día a día; excepto al principio.

Esas primeras mañanas, cuya suma me corresponde más medir en semanas, despuntaba el día para mí en intenso estado de alerta. Eso es mucho decir para alguien como yo, que hace dos décadas por lo menos, unos meses sí y otros no, pongo la alarma a las siete de la mañana para apagarla malhumorado y volver a la cama a dormir una hora más y remolonear otros 30 minutos, que si paso de las 8:30 a. m. trastorno todo en casa, incluida la armonía conyugal.

Puedo decir que solo entonces la Historia estaba ocurriendo fuera de la cómoda lectura de una tarde de domingo propicia para aplazar un lunes infame; pero eso solo fue antes de las primeras semanas de la pandemia, cuando todos los días del trabajo a teledistancia parecieron lunes —así es el capitalismo en modo digital con apropiación de la plusvalía analógica.

Pasaron los días, entre los remisos que rechazan la mascarilla (transgresores que se imaginan revolucionarios, si bien sin ideología y menos plan de gobierno; solo impoluto y malsano narcisismo), nuevas normalidades y olas que multiplicaron mensualmente los muertos por cientos si sabes cómo sacar el producto de enteros por decimales. A propósito, una noche tres jóvenes estaban sentados en la banca de la esquina, a un par de metros de la bodega de Alfredo, cubiertas con las mascarillas solo sus barbillas por lo demás nada prominentes; un parcial acatamiento de la protección social que no toleraba tapar sus jóvenes labios para las importantes cosas que muy seguramente se andaban diciendo. Tuve claro que no valía la pena decirles nada, perdidos como estaban para un nuevo modo de vivir al que el mundo se encamina donde les esperará destino de ganapanes si no cambian su opacada visión del mundo a causa de una miopía que no pudo corregir un sistema educativo tan malo como el país de los poco más cien respiradores mecánicos que fuimos cuando empezó todo esto. El hecho es que un hombre en la mediana edad como yo pero con algo más de extraviado valor les dijo: «Jóvenes, pónganse la mascarilla». De inmediato me ericé; no por mí; estaba con Luna, a quien quiero más allá de cualquier medida pre o pospandemia como para descuidarla por disciplinar a los bicentenarios de marras. Los vi quietos, de pronto rígidos, y el más atrevido le respondió: «Yo guardo el distanciamiento social, ¿okéi?». Y al chico —arrasado como seguramente será por su historia con minúscula— no le faltaba razón: estaba a unos tres o cuatro metros de mi bienintencionado contemporáneo. Luna y yo tuvimos que ver en silencio cómo el buen hombre enrumbó en silencio a casa.

Entonces tuvimos cuatro presidentes en menos de cinco años —el tiempo que se toma la democracia para servir a los plutócratas mientras le buscan un reemplazo al siguiente árbitro del despojo—, salimos a las calles, jodimos, nos dieron la razón, pero nos mataron a dos hermosos jóvenes cuyas madres no volverán a abrazar. Como dijo alguien muy ingeniosamente en las redes: no sabemos si este 28 de Julio será una fecha de celebración o de caducidad.

Pareciera lo nuestro ser víctimas y pacientes de un sino nacional que nos impele con entusiasmo a arruinarnos en gran forma y brillante estilo más allá de cualquier atenuante. Y eso no tiene con ver con nosotros, los peruanos, sino con el Perú, esa esquiva entelequia; porque vivir en el Perú solo te hace peruano por el embrujo de las palabras haciendo equilibrio entre la morfología y la semántica inteligente en idioma español.

Todo esto no ha sido más que el encono con la Tierra de nuestro actuar imbricado con cosas tan simples que no debieran ser materia de comentario, como usar la mascarilla bajo la nariz, arrugarla en tu papada o simplemente obviarla porque vas en bicicleta. Y ese perverso margen de libertad quizá fue el que se llevó a mi querido tío Julinho, cuya mucha precaución no le valió para librarse de un microscópico agente que aprendió a eludir una mascarilla para obligarnos a llevar dos y eventualmente un protector facial que nos asemeja a las pesadillas de la ciencia ficción de hace pocas décadas.

Tal vez el problema de este virus con regia corona es que deja mucho margen a nuestro entendimiento, un atributo que suele ser nuestra perdición. Porque, como aseguró el filósofo Julio Iglesias, los humanos estamos hechos para tropezar dos veces con la misma piedra; mientras los animales 'no-racionales' obedecen a un natural reflejo que lo evita. De manera que nos queda amplio espacio para el choque y fuga en un hotel al paso, el encuentro de amigos queridos porque no-pasa-nada-y-todos-estamos-sanos o la reunión por el Día de la Madre que se llevó a la tumba a la matriarca, dos hijos y hermanos al mismo tiempo y de relancina a la tía octogenaria.

Es muy humano acostumbrarse a todo, incluso a lo inefable; lo constatamos en los diarios, que ya dejaron de destacar en sus portadas los muertos y nuevos contagiados del día anterior; lo comprobamos en la incierta aritmética del aforo que nos permite ir de compras a un *mall* o tomarnos una intensa taza de *espresso* con la esperanza de que el próximo enfermo y a la postre muerto no seremos nosotros; no al menos por hoy.

Lima, 1962. Es uno de los más destacados integrantes de la generación de narradores peruanos de los ochenta. Ha publicado: *Horas contadas* (1988), *La soledad de los magos* (1994), *La sombra interior* (2006), *Juegos secretos* (2011), *Infiernos mínimos* (2014) y *El secreto de Marion y otros cuentos. Antología personal* (2020). Ha obtenido reconocimientos en el Premio Copé de Cuento y en el José María Arguedas. Es profesor del Departamento de Literatura de la Facultad de Letras de San Marcos, en donde dirige el Taller de Narración. Se doctoró en Literatura Hispanoamericana por la Universidad Complutense de Madrid.

Vírica

Indiferente a las consecuencias, la humillación puede destruir al más fuerte. No entiende que todo tiene un límite. Lo usual es que pase mucho tiempo hasta que, traído por un ventarrón, el olor a descomposición, que suele acompañarla, nos inunde por completo. Normalmente es así y la humillación lo sabe.

Sin escape, sin posibilidades de huir, mi capacidad para soportar las agresiones cotidianas, después de que se manifestase la pandemia, solo pudo resistir un tiempo hasta que, sin percibirlo, empezó a desaparecer, en mí, el último recodo de dignidad, el filo de esa ironía que me caracterizaba y utilizaba para defenderme de Ángela. Nuestra relación venía dando tumbos y, al parecer, solo faltaba un pretexto para que se derrumbara nuestro edificio construido, al parecer, con poco cuidado. Al final, todo empezó a perder sentido. Sin fuerza que lo acompañe, persuadido de cierto odio, ese muñón de matrimonio que sostenía nuestra relación, afectó todo cuanto me rodeaba, empezando por mí y el vínculo con mis hijos. Fue el momento en que dejé de distinguir entre todos los estímulos que recibía, porque todo me daba igual. Se tarda un poco, pero se llega a ese punto, no hay que dudarlo. Solo, como digo, se necesita un poco de tiempo y un vínculo con el mundo despojado de amor o, como en mi caso, una mujer dispuesta a todo. A Ángela le gustaba que todo estuviese limpio y en su lugar, pero era incapaz de limpiar y ordenar. De hecho, no le importaba, en lo más mínimo, cocinar o lavar la ropa. Y no le importaba porque teníamos a Bruna, una mujer en la que venía confiando hacía diez años, desde que su madre se la «recomendó». Bruna se ocupaba, tres veces por semana, de que todo funcionase en la casa: nos dejaba la ropa limpia, lo ordenaba todo, salía de compras y ponía lo necesario en el refrigerador. Hasta cocinaba, si estaba de buen humor. Con Bruna a nuestro servicio, podía entender a Ángela, a mí tampoco me gustaban las labores de la casa.

Ángela era una mujer que solo pensaba en cómo salir adelante en un mundo de hombres. Si yo hubiese sido mujer, me habría comportado como ella. Siempre me gustó que fuera así. Su independencia y su fuerza me atrajeron desde que la conocí, me dieron confianza. Estoy seguro que cualquiera podría enamorarse de ella simplemente porque tenía una cualidad: quererse a sí misma, quizá demasiado.

Cuando la pandemia se manifestó y empezó a extenderse por todo el mundo, las cosas cambiaron en pocos días. Es más, se manifestó sin darnos mucho tiempo para establecer nuestras estrategias de defensa en casa. Los científicos apenas sabían de qué se trataba, cómo se comportaba el virus, cuál era la estructura de su adn, cuánta su letalidad. Lo cierto es que, con el paso de los días, empezaron a ser difundidos, por los noticieros, los primeros videos de ciudadanos chinos gritando, desde sus apartamentos, en medio de la noche, debido a una cuarentena insoportable. Más horror nos causaron, semanas después, cuerpos abatidos en las calles por una fuerza invisible en ciudades como Quito o La Paz, cuerpos envueltos en sábanas blancas, arrumados como si se tratase de montículos de basura. Las imágenes emitidas y el relato de los reporteros, nos despertaban del sueño de una benévola película de ciencia ficción, que imaginábamos imposible, a la experimentación del pánico más rotundo.

En casa optamos por seguir las indicaciones del gobierno. Solo podía salir una sola persona por familia a comprar alimentos. Debíamos usar la mascarilla y los guantes, y lavarnos las manos con jabón durante veinte segundos, todo el tiempo, por si habíamos cogido el virus de cualquier superficie.

En medio de todo esto, como dije, nuestro matrimonio no atravesaba un buen momento. Llevábamos ocho años de casados y ciertas manifestaciones de egoísmo ya se estaban dando entre nosotros, pequeños gestos que revelaban lo mucho que nos costaba hacer algo por el otro, cierto alejamiento que se traducía en la dificultad con la que nos comunicábamos, pero, sobre todo, el aburrimiento que nos producía, a veces, estar juntos. Con todo, tratábamos de ser respetuosos y no hacer evidente lo que sospechábamos. Creo que los dos creímos que atravesábamos por un momento difícil en la relación y que lo superaríamos con el tiempo. Luego, y sólo al inicio de la pandemia, nos dimos cuenta que la fuerza que nos unía se estaba debilitando poco a poco, y que debíamos hacer algo para evitarlo. Al menos eso era lo que yo pensaba. A veces, me decía, las cosas no son fáciles.

El día que Ángela me dijo que Bruna ya no vendría más, sentí que sus palabras escondían un mensaje que no estaba dispuesto a aceptar pero que, al final, tuve que asumir. Sus palabras estuvieron acompañadas de un brillo sospechoso en los ojos y del esfuerzo por contener una sonrisa que, cuando quería saltarle a la cara, se contenía en un gesto serio. Estaba claro: desde ese momento yo me ocuparía de la casa. Yo había perdido mi trabajo como muchos que nos desarrollábamos en la actividad privada y tenía el tiempo para hacerlo. ¿Qué había sucedido? Primero suspendieron mi vínculo laboral con la empresa y luego, cuando pasaron seis meses, me despidieron apelando al hecho de que las insostenibles circunstancias económicas habían afectado la actividad comercial y de negocios al punto de estancarlas. Nuestros hijos habían empezado sus clases virtuales y, a sus naturales habilidades para manejarse en el mundo informático, sumaron muchas más, relacionadas con el dominio de las telecomunicaciones. Yo, debo confesar, me sentía cada vez más lejos del mundo que había conocido solo unos meses antes. Incluso, mis hijos empezaron a ocuparse de las compras por delivery y otras actividades domésticas que podían realizarse a distancia, de modo que terminé siendo solo útil para limpiar y fregar los trastos. La situación de Ángela fue muy distinta. Como asociada principal de un estudio de abogados no dejó de tener trabajo ni un solo momento. Su actividad se intensificó por la avalancha de conflictos laborales y familiares que la nueva situación de confinamiento empezó a producir. Gran parte del día la pasaba en el escritorio de la casa consultando expedientes, manteniendo teleconferencias con su equipo de abogados y redactando oficios. Todo el día tenía reuniones, todo el día. Al parecer, el Poder Judicial seguía recibiendo escritos, procesando expedientes y admitiendo denuncias a través de lo que pasó a llamarse Mesa de partes virtual. Por la noche, si tenía ánimos de soportarme, me comentaba algunos de los casos de feminicidio o de abuso doméstico contra mujeres y niños. Me decía que se habían vuelto usuales en las clases medias y bajas, y que estas nuevas condiciones de vida podían poner, de verdad, en riesgo, la estructura de la familia si la gente seguía encerrada en sus casas agrediéndose de todas las formas posibles. Lo cierto es que había descubierto que, a gran escala, los casados empezaban a separarse y a huir de sus hogares. La mayoría se refugiaba en casa de sus familiares.

Con el paso de los días, fui ganando nuevas aficiones. Leía ficción, yo que nunca lo hacía, cocinaba y arreglaba lo que estaba descompuesto. Hasta grabé, con la ayuda de mis hijos, algunos tutoriales de manualidades para escolares del nivel primario, sin embargo, todo ello no disminuía en mí la sensación de estar perdido en medio de un desierto con una tormenta de arena a mi alrededor. Mi relación con Ángela pasó a ser cordial, hasta que ella empezó a hacer evidente mi condición de desempleado con bromas que yo toleraba frente a mis hijos, pero que, en el fondo, iban minando, poco a poco, mi fortaleza, mi amor propio. Así empezó el camino de no retorno. Me ponía de mal ejemplo por no haber estudiado una carrera y muchas cosas más que prefiero no recordar. Supuse, de inmediato, que sus humillaciones escondían el deseo de divorciarse de mí, pero creí que no le convenía iniciar un proceso de separación en medio de la pandemia. Empecé a creer que para no sentirse tan mal, disfrutaba lanzándome aquellas estudiadas agresiones.

Un mañana, no sé por qué, me sentí confundido. Observé la amplitud de la sala, la comodidad de los sillones, la belleza de las alfombras y la preciosa vista del amplio parque que teníamos al frente y no pude negar que esa buena vida me gustaba, que había logrado salvarme de la pobreza, pero no me sentía bien. ¿Debía considerarme un privilegiado, en medio de todo el horror que nos rodeaba, por vivir en un lugar así, con unos hijos sanos y hermosos, y con una esposa con un próspero trabajo que aseguraba nuestro bienestar? Cualquiera hubiese respondido que sí, pero algo me lo impedía, y lo sabía. Esas humillaciones cotidianas me estaban alejando, sin poder impedirlo, de mis hijos. Ya de Ángela, no podía esperar sino lo peor.

Aunque ya había empezado a hacerme cargo de la casa, pensaba que, en algún momento, Ángela compartiría conmigo la labor de la limpieza y las demás responsabilidades (habían cambiado las circunstancias), pero eso nunca sucedió. Su orgullo y sus ocupaciones la habían alejado aún más de la casa y de mí, pero no de nuestros hijos, a los que regalaba momentos de su vida a lo largo de sus jornadas de trabajo. Yo, no existía. No había palabras en el mundo para que Ángela pudiera comprender que en este barco estábamos los dos. En ese punto, cada uno navegaba por mares diferentes en medio de una tormenta peligrosa.

El día que suspendieron todos los servicios de entrega a domicilio (comprobaron que eran un medio por el cual se producía la contaminación a nivel masivo), Ángela decidió que sería yo el que saldría a comprar las provisiones y, si fuera necesario, a realizar cualquier operación que no pudiera hacerse por vía electrónica. Asumí la tarea con algo de miedo, debo confesarlo, pero con la esperanza de que Ángela cambiara su actitud y, simplemente, fuera más respetuosa conmigo dado el riesgo que corría, pero eso tampoco sucedió. De este modo comprendí lo que era sentirse despreciado.

En un principio mis hijos quisieron salir conmigo a realizar las compras, pero Ángela los disuadió con un par de historias recientes sobre sirvientes a los que se les había asignado esa tarea, en medio de la pandemia y que, al demorarse mucho en la calle, habían cogido el virus, enfermado y muerto. Al escucharla entendí que buscaba disuadir a nuestros hijos de cualquier intento de salir a la calle, pero sus historias no sólo buscaban atemorizarlos. Su relato hacía evidente, con cierto énfasis malsano, el profundo desprecio que le producía el personal de servicio, cuya muerte, al final, quedaba plenamente justificaba por el hecho de no obedecer lo que se le ordenaba. ¿Podían relacionar mis hijos la historia de las sirvientas con el nuevo papel que yo empezaba a desempeñar en la casa?

No sabía lo que Ángela podía estar diciéndole a mis hijos en los momentos en que compartían juntos momentos de solaz, pero la creía muy capaz de todo, incluso de contarles cualquiera historia sobre mí si un día, por cualquier razón, yo desaparecía de improviso.

Por esos días, debido a la pandemia, mucha gente moría en sus casas o en los hospitales y la cremaban sin que los deudos pudieran hacer algo para despedirse. Todos estamos solos e indefensos en un mundo en el que se ha perdido el amor. Lo único que nos queda es defendernos del otro.

Intuía que, como es usual en los matrimonios cuyo vínculo afectivo acaba, Ángela estaba tratando de llevar secretamente las cosas, a mis espaldas. Lo sé, porque yo también empecé a proceder así. Y la entendía, pero era insoportable aceptar el desprecio de mis propios hijos. Eso era insoportable, era como irse secando por dentro hasta convertirse en una piedra insignificante. Era como sentir que nuestras raíces iban perdiendo contacto con la tierra hasta que, simplemente, permitían que el árbol se derrumbara después de pudrirse el tronco.

Cuando Ángela me echó de nuestra habitación, algunas semanas después de empezar la pandemia, y me dijo que era mejor que ocupara la de invitados, pensé que lo hacía por una verdadera precaución, pero pronto me di cuenta que no era así. Me dije que estaba claro que su propósito era sacarme de su vida. A mis hijos les pareció un juego, y hasta se animaron a hacerme compañía, pero Ángela lo impidió. Les decía que, como yo estaba siempre expuesto al contagio por las compras que hacía en los supermercados, debían estar alejados de mí. Les dijo, incluso, que cuando yo estuviera en la casa, usaran mascarilla y se mantuvieran a distancia de mí. Así, cada vez que coincidía con ellos en alguna parte de la casa, se escabullían detrás de algún mueble y se reían por alguna extraña razón que no podía comprender. Era evidente que no sólo jugaban: me evitaban. Llegó el momento en que dejé de verlos porque siempre estaban en su habitación, que por cierto se encontraba con llave. Ángela les había prohibido salir diciéndoles que solo cuando yo estuviera fuera de casa, podían hacerlo.

Con el tiempo, terminé pensando que me había vuelto un enemigo para ellos. Estaba aislado en casa. Comía solo. Veía televisión solo, mientras Ángela y los niños lo hacían en otros horarios. Lavaba mi ropa, me aseaba en el baño de visitas, como si fuese un invitado, y, por su puesto continuaba con el aseo de la casa mientras todos se mantenían aislados de mí. Llegué a pensar que mi presencia les infundía temor. Yo había aprendido, poco a poco, a ganarme el respeto y amor de mis hijos, pero no estaba preparado para perderlo. Es verdad, nadie sabe cómo criarlos hasta que los tiene, así como a ningún padre lo preparan para perder su amor.

Pensé que la pandemia duraría algunos meses más, pero las cosas siguieron empeorando con el paso de los días, lo que equivalía a decir que las cosas no mejorarían para mí. ¿Cómo me volví un extraño para mi propia familia? Estaba claro. No se trataba solo de la pandemia y de la seguridad que debíamos tener para no contagiarnos. Para Ángela yo ya estaba fuera de su vida. No podía imaginar que en todos los hogares se estuviese dando la misma situación. ¿Podía imaginar a padres de familia como yo arrinconados en sus casas como si fueran apestados o leprosos, a pesar de guardar todas las medidas de seguridad? ¿Podía ser posible que un padre pudiera ser tratado como una amenaza para la familia al punto de ser desterrado del calor de su propio hogar? Era obvio que Ángela estaba aprovechando la situación para alejarme de mis hijos y con ello darme el golpe definitivo, mostrarme su poder. Su orgullo y el desprecio con que trataba a los demás, seguramente, la habían persuadido de que podía hacer lo que quisiera conmigo. Estaba claro, esta era su oportunidad y la estaba aprovechando.

*

Pensé: la humillación debía tener un límite. Una mañana salí a comprar a un mercado diferente, pero algo cercano a la casa. Un mercado cuyas condiciones de salubridad habían sido puestas en cuestión por las autoridades municipales. De hecho, se había informado que un número considerable de comerciantes había dado positivo para el coronavirus. A esas alturas, ya nada me importaba. Es más, no me sentía merecedor del afecto de nadie, y menos de mí mismo. Era yo el que debía salir a la calle, era yo el que se exponía al contagio, era yo el que debía mantener el refrigerador lleno, era yo el que debía estar lejos de mi familia en una especie de cuarentena eterna. Nada cambiaría.

Al llegar al mercado, solo recibí, en las manos, un poco de alcohol en spray y la indiferencia del responsable de supervisar las medidas de seguridad. Ni siquiera me tomaron la temperatura.

Dentro, el local estaba atestado de gente, como siempre. Había muchas personas con la mascarilla debajo de la nariz, hablando cara a cara, como si no estuviésemos en estado de emergencia sanitaria.

Colocados estratégicamente, había carteles de advertencia declarando el mercado como lugar de exposición al contagio, pero la protesta contra el cierre y la necesidad de provisiones de los vecinos había terminado por ser más fuerte. Después de una semana, y sin haber quitado lo carteles, ya estaba funcionando nuevamente. La severa fumigación del lugar creó, en todos, la ilusión de que ya no había peligro y que se podía comprar sin riesgo de contaminación, guardando el distanciamiento social y el aforo al treinta por ciento de la capacidad. No importó que seis infectados con el virus hubieran muerto solo por haber visitado el mercado o tocado alimentos contaminados. Lo cierto es que las variantes del virus cada día lo hacían más letal y ya se sabía que el aerosol que expelían las personas infectadas podía mantenerse en el aire por unos largos minutos.

Estuve dando vueltas por el lugar pensando en mis hijos, a los que no volvería a abrazar, y en Ángela, que había hecho lo necesario para sacarme de su vida. Nada cambiaría en mi vida, como tampoco lo harían las circunstancias de salud por las que atravesábamos. Sabía que, hasta que no se encontrara una vacuna, mi vida seguiría siendo un infierno de soledad y desamor. Identifiqué, en el mercado, aquellos puntos en los que la aglomeración alentaba la posibilidad de un contagio seguro, a través de la alta carga viral y me bajé la mascarilla.

Perderme en el hormigueo de la gente, como si se tratara de una procesión, sería suficiente. Entonces respiré hondo.

*

Unos días después, enfermé, pero no cesó la humillación. Pasé 20 días en cuidados intensivos, hasta que pude superar la infección. Nunca supe si alguno de mis familiares o amigos preguntó por mí, pero sí que ni mis hijos ni Ángela asomaron por el hospital al que me llevaron cuando caí, medio desmayado, en la calle, con las compras en la mano. Supuse que, en ese punto, ya era un apestado. No hubo compasión ni piedad, a pesar de ser un sobreviviente del coronavirus. Como era previsible, me refugie en la casa de mis padres. Mi recuperación fue lenta, y hasta hoy siento que mi cuerpo sigue enfermo, incapaz de levantarse de la cama para salir a dar una pequeña caminata. Esta es una enfermedad que, según los médicos que me trataron, no me abandonará nunca.

Después de unas semanas de haber sobrevivido, Ángela me inició un juicio por haberlos expuesto (a mis hijos y a ella) a la enfermedad y pidió al juez que me condenaran con prisión efectiva, pero, después de iniciado el proceso, nunca se pudo probar que mi contagio fue deliberado o que tuve la intención de utilizarlo de alguna manera contra ellos. Quedó, de este modo, abierta la posibilidad de que pudiera recuperar a mis hijos. Sin duda lo haré, solo que antes tendré que saldar una deuda con Ángela. Eso es seguro.

Ya sé de lo que soy capaz.

El Perú en cuarentena
CRÓNICAS DESDE EL AISLAMIENTO

Se terminó de imprimir en la ciudad de Lima, durante el mes de setiembre de 2021, por encargo de la editorial Milojas para su sello Garamond.
Tiraje: 100 ejemplares.